OHSAMA BUNKO

# 知れば知るほど面白い 日本の「しきたり」

博学面白倶楽部



三笠書房

はじめに

# 言い伝えに込められた〝メッセージ〟

私たちの家には今でも正月には鏡餅があり、土用《どよう》の丑《うし》の日と聞けば、鰻《うなぎ》という気分になる。「夜、爪を切ってはいけない」などと祖父母が言っていたことを覚えているかもしれない。

しかし、デジタル社会の現代、こんな伝統を知らない世代や、非科学的なものは必要ないという人もいる。

本当のところはどうだろう。このような年中行事やしきたりは、**そもそも、いったいなぜ、ずっと言い伝えられてきたのだろうか。**

よくよく見てみると、先人たちが伝え続けてきたメッセージには、**「なるほど！」がたくさん隠されていて驚く。**

身近な人の健康や長寿への願い、恐ろしい災厄《さいやく》への戒《いまし》め、ちょっとした日々の知恵……奥深くて面白い「しきたり」と「真実」の世界へ踏み出してみよう。

博学面白倶楽部

もくじ

## 2章 ただの〝迷信〟ではなかった!? 「食」の知恵

## 3章 効果あり？　金運や出世、ご縁をもつかむ方法

# 4章 この「タブー」は、どこから生まれたのか？

# 5章 「年中行事」に込められた、先人たちの「思い」

本文イラスト　千野エー

# 1章 家族と家にまつわる「言い伝え」の真実

# 1

## 「還暦に赤いちゃんちゃんこ」

なぜ、赤色でなくてはならないか

日本は世界一の長寿国。定年を迎える年齢も還暦の六十歳から六十五歳へ移行しつつあり、七十歳をすぎてもなお働く人も増えている。若い人から見れば定年の世代と思うかもしれないが、当人にしてみればまだまだ若いつもりである。

それゆえに、還暦になったお祝いも変化が生じている。有名なのは、赤いちゃんちゃんこを着て、赤い頭巾《ずきん》をかぶり、赤い座布団に座るというものだが、「年寄り扱いされているよう」と嫌う人も多い。最近では、代わりに赤色を基調にした服や小物などを贈るケースが増えているようだ。

振り返ってみると、六十歳が長寿といわれたのは、そう遠い昔ではない。戦前の平均寿命は五十歳にも届かなかった。だから還暦を迎えられたことは、おめでたいことであり、還暦祝いにそれなりの意味があったのだ。

では、なぜ赤いちゃんちゃんこを着るのか。

還暦とは十干十二支《じっかんじゅうにし》の暦で、生まれ年の干支《えと》に還《かえ》ること。十干は「甲《きのえ》、乙《きのと》、丙《ひのえ》、丁《ひのと》、戊《つちのえ》、己《つちのと》、庚《かのえ》、辛《かのと》、壬《みずのえ》、癸《みずのと》」、十二支は「子《ね》、丑《うし》、寅《とら》、卯《う》、辰《たつ》、巳《み》、午《うま》、未《ひつじ》、申《さる》、酉《とり》、戌《いぬ》、亥《い》」で、両方を順番に組み合わせて年月をあらわす。**六十年でちょうど一巡することから、人ももう一度赤ちゃんに還り、二度目の人生が始まるとして、産着のような衣装を身につけた**のではないかといわれる。

また赤色は、厄払《やくばら》いの意味合いがある。還暦は年祝いであると同時に厄年《やくどし》にも当たり、厄を払うための色であった。

赤を特別な色と見なし、厄除《よ》け、魔《ま》除《よ》けの力があると言い伝えてきた国や地域は世界的にも多い。血の色、火の色でもあり、目を引く強い色と解釈され、悪霊を威《い》嚇《かく》して追い払えると広く信じられてきた。

日本では還暦に限らず、八十八歳の米寿や百歳の紀寿でも、誕生祝いとしてだけでなく、悪いことが起こらないようにと願って、長襦袢《ながじゅばん》、赤い腰巻、ふんどしをつけることもあったようだ。

そうしてみると、赤い服や小物などを贈る今どきの還暦のお祝いも、家族の想い、願いのあらわし方としては古来の習わしを受け継《つ》いでいるのだろう。

## 2 「桃の虫を食べると美人が産まれる」

### 昔の人が信じた「桃パワー」

「桃の虫」とは、文字通り桃についた虫のことである。虫が苦手な女性なら、「もちろん自分の子どもは美人のほうがいいけれど、それにしても虫を食べるのはさすがに……」。そんな声が聞こえてきそうである。

むろん、昔の妊婦がほんとうに虫を食べていたわけではない。桃についている虫まで食べてしまうくらい桃が好きであることを、少々大げさに表現しているにすぎない。

数多くある果物のなかでも、桃はビタミンAとビタミンBが豊富である。妊婦が桃を好んで食べれば、母体の健康状態を保つのに一役買い、それゆえにお腹の子も元気に育つという方便だ。

「美人」とはあるものの、親が何より子に望むのは「健康」であること。

桃で美しくなるというより、健《すこ》やかな子が産まれるという意味合いで理解すべきだろう。

もうひとつ、桃には霊力があると信じられてきた側面がある。原産地である中国では、古くから**桃は悪い気を払う霊木《れいぼく》とされ、魔除けになる**と信じられてきた。その考えは日本にも伝わり、『古事記』にも桃に不思議な力があるとして記されている。

人智を超えた桃の力を体内に取りこむことで、それがお腹の子に伝わり、元気な子が産まれることを願ったわけだ。

「果物と出産」にまつわる言い伝えは、桃だけではない。

「妊婦がリンゴを食べるとかわいらしい子が産まれる」と、似たような言い伝えがある。

周知の通り、リンゴにはポリフェノールが豊富。この言い伝えも、妊婦の健康を考えて生まれたものであることは想像できるだろう。

近年、妊娠中に果物を積極的に摂取したほうが、産まれる子の知能がよい傾向にあるとか、落ち着きのない子が少ないといった研究結果が報告されている。昔ながらの知恵が、あらためて科学的に証明されつつあるといえる。

## 3 「一番風呂には馬鹿が入る」

### 「まっさらな湯」にはワナがある？

沸《わ》かしたばかりでまだ誰も入っていない風呂は、一番風呂として知られる。最近はあまり聞かないが、昔は「新湯《あらゆ》」「更湯《さらゆ》」ともいわれた。

家族を統制する家長制《かちょうせい》のもとでは、きれいな湯を使うのは家長と決まっていた。子どもや妻が「お先にお風呂をいただきます」など許されないことで、家族の序列の順に入るのが、しきたりだった。

「あなた、お風呂が沸きました」と妻が夫をうながし、夫が「そうか」と応じる光景は、もはや昔のドラマでの話である。

もし、「外で頑張ってきたのだから、『あなた、お先にどうぞ』くらいいわれてみたい」とぼやいている男性がいるなら、一番風呂が決していいことばかりではないと、知っておくべきだろう。

事実、「一番風呂は馬鹿が入る」という言い伝えがある。たしかに真新しい湯に入るのは気持ちのよいものだが、その反面、**刺激の強い湯質であり、身体にさわる**。そんな湯に入りたがるのはおろか者だ、という意味である。

夕方の早いうちに入浴し、夕飯を食べたら、ほどなく床《とこ》につくという年配者がいるが、そこには配慮が必要だと古来の知恵が教えてくれている。

誰かが入ったお湯にはその人の皮脂や汗、はがれた角質などが溶けこんでいる。そうした不純物が湯質に影響し、皮膚への刺激をやわらげている。水道水には残留塩素が含まれているが、皮膚から出たアミノ酸やミネラルで中和されることで、やわらかい湯ざわりへと変えているのだ。

もうひとつ、一番風呂と二番以降では浴室内の温度も変わる。寒い冬、**脱衣所と浴室の温度差が大きいと血圧が急上昇する**ことは、今や広く知られる通り（ヒートショック）。誰かが入った後なら浴室は暖まっているので、とくにお年寄りの入浴事故のリスクは減らせることになる。

こうした点も一番風呂は身体によくないとされてきた理由であろう。

## 4

# 「便所をきれいにするとかわいい子が産まれる」

### トイレ＝神様!?

お産にまつわる言い伝えとして知られているのが、「便所をきれいにするとかわいい子が産まれる」というもの。「かわいい子が産まれる」のほか、「美しい子が産まれる」「元気な子が産まれる」ともいわれ、地域によってさまざまなバリエーションがあるようだ。いずれも健やかな赤ちゃんが誕生するようにという願いが込められている。

女性のなかには、「よい子に恵まれるから」と、子ども時分、トイレ掃除をするよう親に言われた人もいるかもしれない。トイレ掃除と出産が結びつくとは、なんとも不思議である。

この謎にヒントを与えてくれるのが、「妊婦が便所掃除をすると、お産が軽くなる」という言い伝え。「妊娠しているから」と身体を大事にするあまり、ほとんど動かずにいると、かえってラクなお産は期待できない。今日、産科の医師も、妊婦には適度な運動をするように指導している。

昔の人たちは、**トイレを掃除すればいい運動になって母体によい**と知っていたと想像できる。今のように便利な洗剤や汚れのつきにくい素材ではない時代の話。そんなトイレ掃除を想像してみてほしい。サッときれいにできるような場所ではなく、全身を使ってゴシゴシと磨かなければならなかったはずである。

それにトイレの掃除が行き届いているなら、ほかの場所もきちんと掃除しているだろうから、よく働く妊婦の証《あかし》であり、結果、お産も軽くてすむというわけだ。

さらに、**トイレは神様の宿る場所**であると考えられてきた。古くは厠《かわや》と呼ばれ、もともと川の上やそばに設けた「川屋《かわや》」で排せつし、水に流して処理したことからついたといわれる。その神である厠神《かわやがみ》は、出産の守護神といわれている。昔の人は厠神のために厠に人形を祀《まつ》り、花を供《そな》え、灯明《とうみょう》を灯《とも》したりした。

子宝を授かった女性たちは、きれいな子が産まれるように、安産でありますようにと祈りながら厠をせっせと掃除してきた。臨月ともなれば、あらためて厠神にお参りし、無事に出産すると産後七日目には赤ちゃんにお参りさせた地域もあった。

## 5

# 「お見合いではお茶を出してはいけない」

## なんで「桜湯」や「昆布茶」なのか

ピンと張りつめた空気が漂うお見合いの席で、「粗茶《そちゃ》ですが」などと言ってお茶が出てきたものなら、儀礼にこだわる世話役なら、その顔は青ざめるにちがいない。

今の若い当事者同士なら気にしないかもしれないが、古くから言い継がれてきたタブーがそこにはある。

それは「お見合いではお茶を出してはいけない」というもの。お見合いの席だけでなく、縁談が持ちこまれたときや結婚式でも、お茶はタブーな飲み物とされている。それがたとえ玉露《ぎょくろ》のような高級茶だろうと……。

出席した親類や友人の結婚式を思い出してみてほしい。「そういえば桜湯が出されていた」「昆布《こぶ》茶が出てきて、慣れない味にとまどった」などという経験はなかっただろうか。

お見合いなどの席では、関東では塩漬けにした桜の花に熱い湯を注《そそ》いだ「桜湯」を出すのが一般的で、いかにもおめでたい印象である。

一方、関西では昆布茶が主流。これは昆布と「よろこぶ」の語呂合わせで、縁起がよいという理由からだ。

では、なぜお茶を避けるのかというと、ひとつには「**茶化す**」「**お茶を濁《にご》す**」**といった言葉を連想させる**からと考えられる。

縁談という一生を左右する大切な場で、「冗談めかす」「だます」といった意味を持つ「茶化す」を連想させるのは、もってのほかというわけだ。「お茶を濁す」も「うやむやにする」という意味から、「このお話はなかったことに……」という展開を予見させてしまう。冒頭のように、縁《えん》を取り結ぼうとする世話役が青ざめるのも当然といえるだろう。

お茶が縁起の悪い象徴というだけでなく、卑《ひ》俗《ぞく》なニュアンスがある点も見逃せない。お茶は、男女の交わりと直結する言葉であり、お見合いの席にはふさわしくないというのだ。むろん縁談がうまく進めば、いずれ男女の関係に発展するにせよ、最初からあからさますぎるというわけだ。

とくに関西では、「茶」は女性器を指して使われる場合があり、そこからさらに男女の交わりを指すようになった。じつは「お茶壺《ちゃつぼ》」の隠語に女陰《じょいん》の意味がある。

現代の感覚ではピンと来ないだろうが、「お茶を立てる女」というだけで、かつては性産業との関わりを匂わせた。宿場町の宿屋などに住みこんでいた遊女を「茶立女《ちゃたておんな》」という名目で置いていた記録が残っている。

「お茶を挽《ひ》く」という言い回しも、とる客がいなくて遊女や芸者がヒマをしていることをあらわす場合に使われた。

これは昔、仕事がなくヒマなときに茶葉を茶臼《ちゃうす》で挽いていたことからきているらしい。相手をする客がおらず、ぶらぶらしている様を揶揄《やゆ》したものである。

このように誰もがなじみのあるお茶だが、背景にもうひとつのニュアンスがあり、縁起のよい席では避けられてきたのである。

# 6 「葬儀から帰ったら塩で清める」

「お清め」が塩である必然

お通夜、告別式に参列して帰宅したとき、清《きよ》めの塩を身体にかけることは、しきたりにくわしくない人でも耳にしたことがあるだろう。

最近は、会葬礼状や香典返しに塩の入った小袋が入っていることが一般的だが、以前はそのような便利な小袋はなかった。だから、帰宅すると玄関先から家にいる家族に向かって「塩をちょうだい」と呼びかけた。そして、玄関口に出てきた家族が、ひとつまみの塩を葬儀から帰ってきた人に振りかけたのだ。

清めの塩は玄関の敷居をまたぐ前にかけないといけないので、家にいた家族も「そろそろ帰ってくるころかな」と塩を準備して帰宅を待っていたという。

日本古来の神道では、死は穢《けが》れとして忌《い》み怖《おそ》れられた。あまり知られていないが、**清めの塩は神道から生まれた**風習であり、じつは仏教のなかにはない。そもそも仏教では死を穢れとは考えておらず、お清めの必要はないといわれている。

しかし神道では、葬儀では肉体を抜け出した霊魂が浮遊しており、葬儀後、その霊魂を家まで連れて帰ってしまうおそれがあると考えた。そこで、死という穢れを家のなかに持ちこまないように、塩を振りかけ防ぐ必要があったわけだ。

「死を穢れととらえるのはいかがなものか」と思うかもしれないが、**死を招いた邪気をお払いするための儀式**と考えれば、納得できるだろう。

では、なぜ塩なのか。ルーツをたどると、太古の時代、おもに海岸沿いに暮らしていた日本人に行き着く。海には霊力があり、邪気悪霊を払うと信じており、海水で禊《みそぎ》を行なった。ところが内陸部でも暮らすようになると、容易に海水を使うわけにいかず、海水からとれる塩に穢れを祓う霊力があると信じるようになったのである。

たしかに塩は、昔から生きていくうえで欠かせないものだった。貴重なミネラル源にして調味料でもあり、冷蔵庫がない時代、塩漬けに見られるように食べ物を保存するためにも使われてきた。古《いにしえ》の人が、そこに神の力を感じ取ったとしても不思議ではないだろう。

# 7 「一つ年上の女房は金の草鞋を履いても探せ」

## 妻は若すぎても、年上すぎてもいけない!?

昨今、姉さん女房の夫婦も増えてきてはいるが、まだまだ「結婚するなら年上の包容力のある男性がいい」と考える女性は多く、男性も「年下のかわいい女性のほうがいい」という声を聞く。

たしかに昔から夫婦といえば夫が年上、妻は年下の関係が一般的であり、それが望ましいと思いこんでいる人は少なくない。

しかし、そんな思いこみを揺さぶることわざがある。

「一つ年上の女房は金《かね》の草鞋《わらじ》を履《は》いても探せ」。

「金の草鞋」とは、光る黄金の草鞋ではなく、鉄製の草鞋のこと。年上の女性は得難い存在であるから、すぐに切れてしまう藁《わら》の草鞋ではなく、歩いても歩いても切れない鉄の草鞋を履いて辛抱強く探しまわり、妻とする女性を見つけるとよいという意味だ。

そうまでして姉さん女房を勧めるのは、若くてかわいいだけでは一家の主婦の役割は務まらないと考えられたからだ。今でこそ晩婚化が進んでいるが、昔はそうではなかった。かなり早いうちに結婚するのが当たり前だったので、年下を選べば、それだけ幼な妻になる。最初は子どもっぽさを愛らしく感じても、家のなかを仕切れず、任せられないようでは、しだいに不満もたまっていくだろう。

その点、姉さん女房であれば、お勝手（キッチン）を預かって家族の食事や、財布のヒモを締めて家計をやりくりできるというわけだ。

かといって、あまりにも年上では、「かかあ天下」になって尻に敷かれかねない。夫が一家の主《あるじ》の立場を守るには、ひとつ年上くらいがちょうどいいという知恵である。

ほかに、「姉女房は身代《しんだい》の薬」「姉女房は倉が建つ」という言葉もある。やはり姉さん女房なら、**家計のやりくりがうまいので家が栄える**ということだろう。

また年上の女性なら、夫にとって妻の役どころだけでなく、母親役にもなってくれて、大事にしてくれるから夫婦円満となるともいわれる。もっとも、あまり過度に頼られても、女性からすればたまったものではない……。

## 8 「ひな人形は三月三日のうちに片づけよ」

### 大きなお世話!? 娘の婚期

ひな祭りともなれば、♪お内裏《だいり》様とおひな様～♪と歌った女性も多いはず。部屋にひな人形を飾り、ひなあられを食べてはしゃいだ少女時代が懐かしいだろう。だが、幼いころは、その幸せな一日が大泣きして終わることも……。

その原因は「ひな人形は三月三日のうちに片づけよ」という言い伝えにある。せっかくのひな飾りを親がさっさと片づけ始めたことで、いつまでも眺めて遊びたい娘には我慢ならなかっただろう。「嫌だ」とダダをこね、そのうちに火がついたように泣き始める。「大きくなって結婚できなくてもいいの？」と親がさとしても、幼子には理解できるはずもない。

親としても、できたらもう少し飾っておきたい気持ちはあるだろうが、女性の一生が結婚で決まった時代はとくに、少しでもよい縁組を望むのが親心だ。それをはばむような縁起の悪いことは避けねばならない。**当日のうちに片づける背景**

には、**厄を払うという意味があった**のである。

ひな飾りの歴史は古く、今のようなひな人形の形態ではなかった。紙の人形を小舟に乗せ、川や海に流してお払いする「流しびな」だった。現在でも鳥取をはじめ、いくつかの地方には流しびなの風習が残っている。

時代が下り、江戸時代になると、布で作った「内裏びな」が登場し、やがて細工を凝《こ》らした調度品や三人官女《さんにんかんじょ》、五人囃子《ごにんばやし》なども加わっていく。娘の健やかな成長と幸せを願う人々が、そうした品々をこぞって求めるようになった。木目《きめ》こみ人形も作られるようになり、もはや水に流せるものではなくなった。

そこで、その日のうちに片づけることで、水に流し厄を払った代わりにしたのである。翌日も飾っていたら厄払いができていないことになり、娘の将来に不吉な影を落とすと考えられたわけだ。ほかにも、「ひな人形を翌日飾りすると、お嫁に行けない」と、ストレートな言い方をする地域もあるようだ。

また、どんなに豪華なひな人形も、ひな祭りの翌日には季節はずれの品。この「季節はずれ」という言葉も、結婚適齢期を逃すことを連想させ、縁起が悪いと考えられた。

## 9

# 「一姫二太郎」

### 今日もあちこちで誤用されている

久しぶりに再会した同級生に「子どもは?」と聞かれ、「上ふたりが男、三番目が女の子だよ」と答えたら「一姫二太郎だね」といわれた……。

男の子ふたりに、女の子ひとりと誤解をしている人が多いが、「一姫二太郎」は子どもの性別と数をあらわす言葉ではない。**「最初は女の子が、次が男の子であることが好ましい」**という意味である。

理由は女の子のほうが育てやすいから。「親の言うことを聞くので手がかからない」うんぬんという以前に、女の子のほうが丈夫で育つということが大きい。日本の乳幼児死亡率が劇的に低下したのは戦後のことで、それまでは小さいうちに亡くなる男の子は多かった。女の子のほうがたくましいことを経験的に知っていたのだろう。

また、女の子なら下の子が生まれたときに、母親のサポートをしてくれるメリットもあったはずだ。子どものうちから下の子の子守りをしたり、家事の手伝いをしたりと、母親の手助けをしてくれる。

しかし、かつての伝統的な家長制では、家督《かとく》を継ぐのは男子のみ。だから、跡継ぎとなる男の子は、それはそれは大事に育てられたはずだが、それでも命を落とすことが多かった。そこで、**まずは丈夫な女の子を産んで子育てに慣れてから、次に男の子を産むのがよい**という言い伝えが生まれたらしい。

ただ、嫁をなぐさめるために使われた言葉とする説もある。出産にあたって周囲が期待したのは跡継ぎの男子。産まれた子が女児であれば、舅《しゅうと》、姑《しゅうとめ》、夫までもがあからさまに落胆した時代があった。肩身の狭くなった新米ママさんを元気づけるため、最初は女の子でも、次に男の子であればよいと声をかけたというのである。

今では、女の子のほうが丈夫であることは人口の男女比でも証明されている。妊娠初期の胎児には女一〇〇に対して男一五〇と一・五倍も多いのに、出生時には男の子は一〇五〜一〇七まで減少する。そして、二十歳になるころには、男女比は同じくらいになっているのだ。昔は、経験的にこれを知っていたのであろう。

# 10 「七五三に晴れ着を着てお参り」

## 七歳になるまでは「預かりもの」だから

毎年、十一月十五日の七五三が近づいてくると、「晴れ着で記念写真を」といった宣伝をあちこちで目にする。最近はレンタル衣装も豊富で、撮影とセットになっていたりするから、買い揃えるよりも予算がかからず、便利な時代となった。

現在では、男の子は三歳と五歳、または五歳のみ、女の子は三歳と七歳にお宮参りをして祝う場合が多いが、古来、全国的にそういう習わしがあったわけではない。「五歳は男の子のみ」という決まりはなく、女の子も五歳のお祝いをしていた時代があった。

そもそも七五三は、子どもが健やかに成長したお祝いである。ルーツをたどると、幼児期から児童期へ移行する節目として初めて袴《はかま》をつけた「袴着《はかまぎ》」の儀式に行き着く。あの『源氏物語』には、主人公の光源氏《ひかるげんじ》の袴着の儀式が三歳のときに盛大に行なわれたという描写がある。

古くは年齢を限定せずに行なわれ、平安時代の公家では二歳から、遅い場合には十四歳で行なうケースもあったようだ。

袴着の儀式では、子どもを碁盤《ごばん》の上で吉とされる方角に向けて立たせ、左足から袴をはかせた。かつては女の子も袴をつけていたから、年齢だけでなく性別も関係なく行なっていたのだ。

それが江戸時代になると男の子の祝いとなり、女の子の祝いとしては七歳での「帯解《おびと》き」が大きな意味を持つようになった。それまでのつけ帯を解き、大人と同じ幅広の帯を使い始める儀式である。

とくに七歳という年齢は、女の子だけでなく男の子にとっても重要だった。かつては幼いうちに命を落とすことも少なくなかったので、**七歳になるまではこの世を生きる人間というより神様からの預かりもの、すなわち「神の子」**と見なされていた。

七歳まで大病などに襲われず成長できればひと安心で、ようやく人間社会に迎えられるととらえられたのである。

では、三歳の祝いのルーツはというと、髪を伸ばし始める「髪置《かみおき》」にある。それまでそり落としていた髪を、男女とも伸ばすようになった。「髪立《かみたて》」「櫛置《くしおき》」などともいい、これは鎌倉・室町時代から江戸時代に行なわれた通過儀礼であり、公家では二歳、武家では三歳に行なうことが多かった。

このように、現在の七五三のように年齢、性別は固定されていなかった。全国各地に目を向ければ、満二歳、四歳、十三歳などに成長の節目を祝う風習が残っている。

## 11

# 「戌の日に腹帯を巻く」

今も昔も犬にあやかりたい！

「帯祝い」という言葉自体を知らなくとも、妊婦が腹帯を巻く儀式と聞けば、わかる人は多いかもしれない。

帯祝いをするのは、妊娠五カ月目の最初の戌《いぬ》の日。この日に腹帯を巻くことで、胎児があまり大きくなりすぎず、お産が軽くてすむと昔から信じられてきた。この言い伝えを今でも実践する妊婦は意外に多い。冷えを防いでお腹の子を保護できると考えているからにちがいない。

たしかに、妊娠五カ月にもなれば胎児は重くなってくるし、動くようにもなる。このタイミングで腹帯をすることは、胎児を正常な位置に保つのに役立つともいわれている。それにしてもなぜ、腹帯を巻くのが戌の日なのか。

それはずばり、**犬は安産**だから。犬は人の暮らしに寄り添ってきた動物であり、人はそのお産の様子を間近に見てきた。お産が軽くてすむ犬にあやかり、縁起をかついだというわけだ。

また、戌の日と決めておけば、**雑事にまぎれてうっかり忘れたり、忙しくて先延ばしにしたりすることを防げる**という利点もあった。

今日では、妊婦の実家が氏神様などで祈祷《きとう》を受けた白木綿《しらゆう》を授かり、娘に贈るスタイルが一般的だ。安産祈願で有名な東京の水天宮には、戌の日になると、無事出産できるようにと願う人々が方々から集まってくる。産科医院のなかには、戌の日を選んで帯を巻いてくれるところもあるという。

京都では、帯の長さにこだわり、さらに縁起をかついで末広がりの八尺の長さのものや、七五三にちなんで七尺五寸三分のものを選ぶ習わしがある。

妊婦が腹帯を巻くことは、さかのぼると古代、神話の時代から続く日本独特のしきたりである。神功皇后《じんぐうこうごう》が身重の体に帯を巻いて朝鮮半島へと遠征し、凱旋《がいせん》帰国後に出産したと伝えられる。このとき産まれたのが応神天皇《おうじんてんのう》で、その後、このしきたりが宮中《きゅうちゅう》で定着していった。

宮中で長く行なわれていたが、鎌倉・室町時代になると民間にも広まっていく。

帯の名称について、いまでは広く岩田帯と呼ばれているが、もともとは「斎肌《いはだ》帯《おび》」といわれた。

斎肌帯の「斎」は忌むという意味。これは出血を伴うお産は「穢れ」とされたことに由来する。お腹のふくらみが目立ち始める五カ月くらいから忌みの期間に入ると考えられ、そこでお祓いをしてから腹帯を巻くようになった。「忌み」の意味合いが、あからさまに出ないよう「岩田帯」と書くようになったとされる。

もうひとつ、中国由来の医学の影響もあったようだ。

そこでは自然は陰陽ふたつの働きで成立しているとされており、とくに女性は「陰」の血が多いため、生理で浄化しているが、妊娠すると生理がなくなり陰の血を排出できなくなると考えられた。それがたまって胸にまで上がってくると身体に悪影響を及ぼすとし、子宮の上に帯を巻いてさえぎろうとしたらしい。

「新しい命の息吹に穢れや浄化など、理解できない」と思う人も多いだろうが、医学も発達していない時代、出産は死（＝穢れ）を伴う大きなリスクだったのだ。

## 12

# 「神前結婚式での三三九度」

### 大中小の盃を交わす三つの数字の意味とは？

「ヴァージンロードをウェディングドレスで歩きたい」と憧《あこが》れる女性がいる一方で、「日本の伝統にのっとって、白無垢《しろむく》で神前結婚式を挙げたい」との根強い声もある。結婚式の形態が多様化するなか、日本文化を見直す流れや有名人の神社での挙式などにも影響されてか、「和婚」ブームの兆《きざ》しがある。

知らない人が多いが、**神前結婚式のルーツは明治時代**であり、歴史はさほど長くない。大正天皇がまだ皇太子だったころの一九〇〇（明治三十三）年に、皇祖神である天照大御神《あまてらすおおみかみ》を祀る宮中の賢所《かしこどころ》において行なわれたのが始まりだ。

国を挙げての慶事《けいじ》であり、多くの国民があやかりたいと願ったはず。そのニーズをとらえてか、翌年には現在の東京大神宮で一般人向けに模擬結婚式が執《と》り行なわれている。その後、神前結婚式は全国へと広がっていった。

つまり、神前結婚式は古来の形ではないわけだ。

神様の前で、夫婦の契《ちぎ》りのしるしとして行なう三三九度《さんさんくど》も、もともとは婚礼に限らず、祝宴で行なわれていた儀礼である。式三献《しきさんこん》という平安時代の公家の礼法に由来している。それが武家の婚礼で行なわれるようになり、庶民へと広がっていき、神前結婚式に採り入れられたのである。

大中小三つ組の盃《さかずき》を用い、巫女《みこ》が注いだお神酒《みき》をひとつの盃で三口、三度ずついただく。一の盃は新郎、新婦、新郎の順、二の盃は新婦、新郎、新婦の順、三の盃は新郎、新婦、新郎の順で、合計九度のやり取りを行なう。同じ盃から酒を飲み合うことが結ばれた証となる。言い換えれば「固めの盃」である。

なぜ、三口×三度（＝九）という数なのかというと、**三はめでたい吉数であり、それを三回重ねることで、さらにめでたさを強調するため**だ。この吉数の考え方は、中国の陰陽五行説《いんようごぎょうせつ》に由来するといわれている。

三三九度を終えた新郎新婦は神前へと進み、結婚の誓いの言葉である誓詞《せいし》を読み上げる。玉串《たまぐし》を奉納し、拝礼したら、最後に参列した両家の親族がお神酒をいただく。これは親族固めの盃で、三口で飲み干すとされており、やはり三の数と決まっている。

# 13

## 「イチジクを植えると子孫が絶える」

### なぜ、踏んだりけったりの木にされたのか？

夏から秋に実をつけるイチジクは日本には江戸前期の寛永《かんえい》年間に伝わり、挿《さ》し木で簡単に殖《ふ》やせることから各地に広まった。

今や青果店に並び、ドライイチジクも売られているが、「食べたことがない」という人も少なくない。とくに若い人は、名前は知っていても、どんな木で、どんな実がつくのかはあまり知らないようだ。

それゆえ、「イチジクを植えると子孫が絶える」といわれても、ピンとこないだろう。これには**「無花果」と書く漢字の表記が大きく影響**したらしい。

実際に字面の通り花が咲かないのかというと、そうではない。いわゆる「イチジクの実」は正式には「花嚢《かのう》」といい、その内部に小さな雌花《めばな》と雄花《おばな》をたくさんつける。外からは見えないことから、花が咲かないまま実をつける植物と見なされ、「無花果」と書くようになったようだ。

日本人としては、つぼみがふくらんで満開の花を咲かせ、実を結んだ様子を見られないことは不気味に映ったのかもしれない。それが家の衰退を連想させ、このような言い伝えが生まれたのだろう。

それが「ところ変われば」で、古代ローマではイチジクは実が多くつくことから多産の象徴とされ、ヨーロッパではそのイメージが今も受け継がれている。

またもうひとつ、イチジクが避けられた理由がある。

イチジクの**その姿かたちから、植えると家に悪影響を及ぼすとされた**のだ。イチジクの木はさほど高くならず、枝を横に広げて大きな葉をたくさんつける。木の下には日光が届かず、ジメジメすることから、湿気がこもることを嫌がる日本人は避けたという。

こうしてみるとイチジクは嫌われもののようだが、一方ではその薬効から重宝された植物でもある。便秘、回虫の駆除《くじょ》、赤痢、高血圧には実、神経痛や胃腸病には葉が使われた。さらに、葉や茎から出る白い液を虫刺されやイボ、魚の目、ものもらいの薬にしたという。

ありがたいはずの木が、ありがたくないと家からは遠ざけられていたのだ。

庭木にふさわしくないと嫌われたのは、ビワも同じである。「屋敷内にビワを植えてはいけない」との言い伝えがある。

その理由も日照の問題があるからだろう。ビワは日当たりのよい場所に植える必要があり、常緑樹であるため、冬には貴重な日光をさえぎる邪魔者となってしまう。家のなかをよくない状態にする張本人《ちょうほんにん》とばかりに、「ビワを庭に植えると病人が絶えない」「ビワを植えると家が傾く」などともいわれる。

ビワもイチジク同様、薬効があるとして、実はぜんそくやせき、葉は暑気《しょき》払《ばら》いに使われたし、病虫害が少なく手がかからない樹木だが、家に近づけたくない存在だった。

さらに木の種類に関係なく、果樹は縁起が悪いとする言い伝えもある。いわく「実のなる木を家に植えるな」。

これは木に実がつき熟《う》れてくることで、枝が垂れ下がる姿からきているらしい。下向きについた実が「なり下がる」という言葉と結びつき、落ちぶれる、家勢が衰えるという連想から、縁起が悪いと見なされたのである。

## 14

# 「葬列に出会ったら親指を隠す」

### 「自分の親が続かないように」という意味ではなかった！

昔の日本では、村で不幸があるたびに、葬列を見かけたものだ。葬儀は自宅で行なわれて、そこから埋葬場所の墓地などまで、近親者や近所の人たちが棺《ひつぎ》を運んだ。

これは「野辺《のべ》の送り」ともいわれ、大変重要な儀礼とされた。

現在では、葬儀場で告別式を終えると、棺は霊柩車《れいきゅうしゃ》に乗せられ、火葬場へ向かうことが一般的である。

このため「葬列に出会ったら親指を隠す」ではなく、「霊柩車を見たら親指を隠す」として、覚えている人も多いだろう。

しかし、なぜ親指を隠すのか。

不吉だから、自分の親がそれに続かないようにと祈りを込める意味と誤解している人もいるようだ。

伝えられるところでは、これは自己防衛のための呪術《じゅじゅつ》にあるらしい。死の直後には霊がまだ不安定で、あたりをただよっていることがあり、ほかの人の身体に入ってしまうおそれがある。注意していないと、自分が黄泉《よみ》の世界へ連れて行かれかねないから、**護身のために親指をなかに入れて、こぶしをにぎりしめ、身を固くしなければならない**という。

こうすることで〝気〟が充実して、霊を追い払えると信じられたわけだ。

このポーズをとるようにうながす言い伝えは、ほかにもある。

「夜に山道を歩くとき、親指をなかにして手をにぎっていないとキツネに化《ば》かされる」

「両手の親指をなかに折って手をにぎり、『戌《いぬ》亥《い》子《ね》丑《うし》寅《とら》』と三度唱えると、犬がほえない」

これらは、どちらかというと恐怖心に打ち勝つための教えといえるだろう。たしかに、親指をなかに入れてにぎりこぶしを作ると、力が入り、気持ちが引きしまる感じがする。

# ❷章 ただの〝迷信〟ではなかった⁉「食」の知恵

# 15

# 「冬至にカボチャを食べる」

## 「黄色い食べ物」に託した願い

「今日は冬至《とうじ》だから」といって、カボチャを食べる家庭はどれくらいいるだろうか。今や一年中食すことができることを考えれば、この言い伝えの真意は、なかなか想像できないかもしれない。

しかしここには、古《いにしえ》の知恵が息づいている。

さかのぼるとカボチャは十六世紀、ポルトガル船によって日本にもたらされた。当初、カンボジア原産と見られたことから、この名がついたという。

現代と違い、**冬場に食べられる野菜が少なかった時代のこと、長く保存できるうえ、おいしく食べられるカボチャは貴重な存在**だった。だからこそ、冬場に食べて、健康に気をつかったのである。これは科学的にも説明できる。

カボチャは炭水化物、タンパク質などのほか、ビタミンが豊富だ。とくに注目されるのが、体内でビタミンAに変わるカロテンの含有量の高さ。ビタミンAは粘膜や肌を健康的に保ち、感染症への抵抗力を高める。つまり、冬本番に風邪《かぜ》をひきにくい身体づくりをするのに役立った。

加えて、カボチャには抗酸化作用があるビタミンEやビタミンCも含まれている。ビタミンEは血行をうながし、冷え性をやわらげる効果もある。ビタミンCが風邪予防につながるということも広く知られるところ。冬の身体にはいいことづくしの食材、それがカボチャだった。

緑黄色野菜が不足しがちな時期を元気に乗り切るため、カボチャは恰好《かっこう》の食材であることを昔の人々は経験的に知っていたわけだ。

また、古の人にとっては、あの鮮やかな黄色にも意味があったようだ。**冬至は「死に近い日」と考えられていたため、厄除け、魔除けになると信じられた黄色い食べ物を好んで食べ、無病息災《むびょうそくさい》を願った**という。

冬至にはカボチャのほか、小豆《あずき》を食べる風習もある。こちらは疫病《えきびょう》をはやらせる疫鬼《えきき》が恐れる赤い小豆を食べると、邪気を払うことができるという信仰に由来する。この両方を合わせて煮た小豆カボチャを食べる地域がある。いかにも身体があたたまりそうな組み合わせである。

## 16

# 「宵越しの茶は飲んではいけない」

### では、ペットボトルの現代人は、どうしたらいい？

お茶を飲むときは、もっぱらペットボトルなので、急須《きゅうす》でお茶を淹《い》れたことがない——。年配の人には驚きだが、こんな若い人が増えているようだ。

お茶をペットボトルで飲むのが当たり前のライフスタイルとなった今、「宵越しの茶は飲んではいけない」という言い伝えは、「家に急須さえない」という人にはわからないだろう。

ペットボトルのお茶が登場する以前、お茶は急須で淹れるのが当たり前だった。三度の食事の後、三時の休憩のときなど、淹れたてのお茶を飲むのが一般的だった。もちろん来客時には、急須で淹れたお茶を出したものだ。

だから、台所には急須と茶碗がいつもあった。飲みかけが茶碗に入っていることもあれば、急須にお茶が少し残っていることもあった。この言い伝えは、前の晩に淹れたお茶は飲まないようにという戒めである。

なぜなら、**おいしくないうえに身体に毒**だからだ。

これは科学的にも理にかなっている。見た目からしてさわやかな緑ではなく、タンニンの酸化によって赤く変色してしまう。また、うま味成分のテアニンというアミノ酸が失われているので、おいしくない。酸化防止のためにビタミンCを加えているペットボトルのお茶飲料と違い、急須で淹れたお茶は時間とともに色も変われば味も落ちるのである。

もうひとつ、カテキンが強く出すぎるという問題がある。カテキンはタンニンの仲間で渋みのもとであり、血管を収縮させ、体液の分泌をおさえる働きや殺菌作用が知られている。食後にお茶を飲むとスッキリするのは、このカテキンの作用だ。ところが、お茶を長く放置しておくと、このカテキンが悪さをし始める。強く出すぎて胃酸の分泌のさまたげとなり、消化を悪くしてしまうのである。

また、茶殻《ちゃがら》に残ったタンパク質が腐敗し始めていている可能性もある。

茶葉にはもともとビタミンCが豊富に含まれているし、フラボノイドは血管の壁を強化するといわれている。加えてカフェインは眠気覚ましや利尿効果がある。そうした恩恵を得るには、そのつど、急須で淹れるのが一番である。

## 17 「鳥目にはヤツメウナギが効く」

### 現代栄養学も驚く、古の人の知恵

「鳥目《とりめ》」とは、暗いところで物がよく見えなくなる病気である。夕方、日が傾いて薄暗くなってきたころや、明るいところから暗いところに入ったときなどに、暗さに慣れずにいつまでもよく見えないという症状が出る。

病名は夜盲症《やもうしょう》といい、先天的なものもあるが、後天的にも起こりえる。

後天的に起こるおもな原因がビタミンAの不足だ。戦後、人々が食糧難に苦しんだころには、この**ビタミンA欠乏により鳥目になる人が少なくなかった**という。

このビタミンAが不足すると、物が見えにくくなるほかに、肌や粘膜の乾燥、胃腸のはたらきの低下にもつながる。

ではなぜ、鳥目がビタミンAに関係しているのか。

人の目が光を感じるためには、網膜《もうまく》にある物質（ロドプシンと呼ばれる）がはたらいている。

この主成分がビタミンAであり、欠乏すると光を感じるはたらきに支障をきたし、暗いところに慣れるのに時間がかかるようになる。

「鳥目にはヤツメウナギが効く」との言い伝えは、ともすると迷信のように思える。というのも、ヤツメウナギは目の後ろに袋状の「えら孔《あな》」が七つあり、目が八つあるように見えることから、その見た目にあやかろうと考えたとしても不思議ではない。

「八つもの目を持つものを食べれば、目もきっとよくなるだろう」というわけだ。

ところが今日、ヤツメウナギは数ある食材のなかでも、突出してビタミンAが豊富なことが知られている。生のヤツメウナギは一〇〇グラム中に約八二〇〇マイクログラム含んでおり、この値はウルメイワシの六〇倍以上、マサバの二〇〇倍以上になる。

この事実を知ってか知らずか、昔から「夜盲症の薬」としてヤツメウナギを用いてきたのである。これが古《いにしえ》の人の知恵であり、ただの迷信とは侮《あなど》れない例であろう。

## 18

# 「入梅前の梅の実を食うな」

### 梅酒を漬けるときのつまみ食いは厳禁

かつては自家製の梅酒を作る家庭が多かった。たくさんの青梅を仕込む様子を、子どもは興味津々で眺め、手伝ったものである。今でも毎年梅酒を作るという手作り派は少なくないし、梅ジュース、梅ジャムを好んで作る人もいる。

そうした嗜好《しこう》に縁がなくとも、スーパーで青梅が売られているのは見たことがあるだろう。梅の実はカリウム、カルシウムなどのミネラルを多く含み、健康に関心が高い人の間ではアルカリ性食品として人気が高い。

梅酒などに使う青梅は、まだ熟していない青い実。一方、ご飯のおともの代表格である梅干しは、完熟した梅の実を使う。つまり、日本人はまだ熟す前の状態から完熟したものまで、梅の実を使い分け、存分に楽しんできたといえる。

梅の木は、昔の暮らしではそれだけ身近な存在だった。

「実がなっている」とばかりに、ひょいと木からもいで口に入れ、種まで食べてしまったようだ。

それゆえ生まれたのが、「入梅前の梅の実を食うな」という戒めだ。

梅雨入りする前、ようやく枝についたばかりの実は、たしかに種もやわらかく食べやすい。しかしこれが問題で、青梅の種には中毒の危険があったのである。

今日では、その犯人がアミグダリンというシアン化合物であることがわかっている。シアン化合物が体内で分解されると、強い毒性を持つ青酸を生じる。

熟した梅ならアミグダリンの量は少ない。ところが、熟す前の青梅は果肉より種に多くのアミグダリンを含んでいる。**種を食べて青酸中毒になると、激しい腹痛、嘔吐《おうと》、発汗、けいれん、呼吸困難などを引き起こす**ことになる。

摂取量によっては命の危険があり、事実、青梅による中毒死が後をたたなかったらしい。

「入梅前の梅の実を食うな」とは青梅が持つ毒への警鐘である。より具体的に種が危険であることを知らせる「梅を食っても核（生梅の種）食うな」という言い方もある。

19

# 「初物を食べると寿命が七十五日延びる」

## そうまでして食べたい「初物四天王」とは?

都会育ちの人にとって、野菜や魚介類の旬《しゅん》の時期を問われても、「一年中スーパーで見かけるけれど……」と、答えに詰まるにちがいない。ハウス栽培や冷凍ものが普及している昨今、食べ物から季節を感じる機会は減っている。

それでも、スイカを目にして「夏だな」と実感したり、マツタケに「秋の味覚」を感じ取ったりするだろう。

「初物《はつもの》を食べると寿命が七十五日延びる」との言い伝えは、**日本人の初物好き**をあらわしている。この場合の「初物」とは、その人がその年に初めて食べた物という意味ではなく、旬を迎える季節に最初にとれた野菜や果物、魚などだ。

旬の食べ物はおいしいだけでなく、栄養価も高くなる。冷凍保存などの技術が進んだ現在ではわかりにくいが、季節はずれの食べ物は、珍しさという価値はあっても、味と栄養は旬の時期には及ばない。

ただ言い伝えにある「七十五日」の根拠は、はっきりしない。「人のうわさも七十五日」ともいうから、単に語呂のよさから来ているのかもしれないし、初物ならその季節（二カ月半）を健康で乗り切れると考えたのかもしれない。

ただ江戸時代、初物好きが高じて、異常な事態を引き起こしている。誰もが競い合うように高値で手に入れようとしたので、幕府が出荷期日を厳守するように何度もおふれを出したほどだ。

なかでも、初鰹《はつがつお》、初鮭《はつざけ》、初ナス、初キノコは「初物四天王《してんのう》」。とくに江戸っ子たちは見栄《みえ》をはって初鰹を食べたがった。「女房を質に入れても食べろ」と、とんでもない言い草まで飛び出す始末。ヤミ取引も横行し、江戸時代後期の随筆《ずいひつ》には高級料亭が初鰹三本を今の価格にして二十万円以上で買ったとする記述もある。

ただ初物でも初鰹だけは、味は今ひとつ。いったん北海道まで北上し、関東沖へと戻ってくる「戻り鰹」のほうが脂がのっておいしいはずだった。にもかかわらず「江戸っ子は見向きもしなかった」というから、先取り好きで見栄っ張りの気質が見てとれる。

# 20 「土用の丑の日には鰻」

## ホントに「平賀源内の名キャッチコピー」のおかげ？

昔ながらの習わしを知らないという人も、土用の丑の日に鰻を食べることは知っているだろう。鰻専門店のみならず、コンビニでもスーパーでも時期が来ると盛んに宣伝している。栄養のある鰻を食べて、夏バテを防ごうというわけだ。**鰻は古くから滋養《じよう》強壮効果があるとして親しまれてきた食材**。なかでもビタミンAは、蒲焼一尾で一日の必要摂取量の二倍以上がとれる。脂と一緒にとると吸収されやすいため、脂ののった鰻は優れモノなのだ。

さらに、疲労回復に役立つビタミン$B_1$、ビタミン$B_2$も豊富で、夏バテにぴったり。DHA、EPAといった成分もあり、栄養素の宝庫ともいわれている。

栄養の高さは、すでに奈良時代には知られていたようだ。大伴家持《おおとものやかもち》が詠《よ》んだ「石麻呂《いわまろ》に　われ物申す　夏痩《なつやせ》に　良しといふ物ぞ　鰻捕《と》り食《め》せ」という歌が『万葉集』に収められており、夏やせした人に対して、鰻を食べるように勧めている。

しかし、丑の日に食べる習わしはさほど古くない。きっかけをつくったのは、江戸時代の学者にしてエレキテルの発明で知られる平賀源内《ひらがげんない》といわれている。鰻屋から夏場は売れ行きが悪くて困ると相談を受け、店先に「今日は丑の日」と看板を掲げ、「食すれば夏負けすることなし」との宣伝文句でアピールしたという。

まるで現代のコマーシャル戦略のような話だが、もともと「丑の日に〝う〟のつくものを食べると夏バテしない」との言い伝えがあったことがヒントになったともいわれる。梅干し、ウリ、うどんなどに鰻が加わり、精がつく食材として定着していったのだ。

そもそも「土用」とは何かというと、暦のうえで「雑節《ざつせつ》」とされる節目のひとつで、四季それぞれにある。立春《りっしゅん》、立夏《りっか》、立秋《りっしゅう》、立冬《りっとう》のそれぞれの日より前の十八日間が土用だ。最近では、「土用の丑の日には鰻」の言い伝えが有名になり、土用といえばもっぱら立秋の前だけを指すことが多くなっている。秋が始まる立秋の前だから、もともとは夏の終わりだが、今の暦では七月十九日ごろから八月六日ごろにあたり、夏の盛りである。

なぜ「土用」というのかといえば、陰陽五行説に基づく。万物の根源が木《もく》、火《か》、土《ど》、金《ごん》、水《すい》の五元素にあり、陰陽と五行でこの世のあらゆる事象が読み解けるとした説だ。暦に当てはめると、新たな季節を迎える立春、立夏、立秋、立冬の前十八日間が「土」とされ、土の気が旺盛であるとされた。かつては「土旺」と書いたようだ。

土用に入る日は「土用入り」、最後の日は「土用明け」。土用の間は土をいじったり、土に穴を掘ったりする仕事はしてはならないと禁じられていた。

一方の「丑の日」は十二支の「丑」。「子丑寅卯辰巳《ねうしとらうたつみ》……」の十二支を「子の日」「丑の日」「寅の日」と一日一日に順番にふっていった「丑の日」だ。

土用は十八日間あるから、十二支をふっていくと四季折々に「土用の丑の日」が一度ならず二度ある年も出てくる。鰻を食べるとよいとされる立秋前の「土用の丑の日」が、暦によっては二回めぐってくることもあるわけだ。

その場合、最初は「一の丑」、二番目は「二の丑」と呼んだ。

## 21

# 「秋ナスは嫁に食わすな」

「あなたのためを思って」の表と裏

ナスといえば夏野菜の代表格である。漬物にしてよし、油で焼いても揚げてもよし、最近ではカレーやパスタに使う人も多い。季節が変わり秋になると、小ぶりで皮が薄く、甘みのあるナスが多く出まわるようになる。

「秋ナスは嫁に食わすな」は、**姑による嫁いびりとして知られる言い伝え**のひとつ。おいしいものを嫁なんぞに食べさせてなるものかというわけだ。

嫁姑問題は今に始まったことではない。とくに家長制のもとでは、女性は夫と結ばれるというより、その家に嫁入りし、家のために仕える身となった。大事な跡継ぎを産む存在とはいえ、姑にとっては闖入者《ちんにゅうしゃ》のようなものであり、家のしきたりに慣れない様子にいら立ちを覚えたのだろう。

もっと悪質な嫁いびりはあったとはいえ、おいしいものを食べさせないというのも、姑の嫌がらせを象徴しているといえるだろう。

ところが、江戸時代中期の随筆『安斎随筆《あんさいずいひつ》』には、異なる解釈が見られる。これは礼法指南役《れいほうしなんやく》をしていた伊勢貞丈《いせさだたけ》が書いたもの。秋ナスを食べすぎると**身体を冷やしてしまい、お腹をこわしたり、腰痛を起こしたり、子宮によくない影響を与えたりするので、思いやりから嫁には食べないようにさせる**のだという。

たしかに、ナスには水分が多く、カリウムが多く含まれている。そのため、身体の熱を外に逃がしてくれる野菜として夏にはもってこいである。しかし、秋になれば冷えがしのびよる時期。妊婦ともなると、冷えは大敵である。そんな嫁を慮《おもんぱか》った言い伝えと考えられなくもない。

それでも同時代の川柳を見ると、「秋茄子《あきなす》は姑の留守にばかり食い」「秋茄子《あきなすび》里で姑に食ってみせ」など、嫁の本音が見え隠れする。姑の「あなたのためよ」という思いやりは、嫁には意地悪と受け止められていたのである。

それを裏づけるように、「秋鯖《あきさば》は嫁に食わすな」「秋カマス嫁に食わすな」「秋タナゴ嫁に食わすな」といったバリエーションもある。これらはいずれも秋の味覚。やはりおいしいものは嫁にやりたくないという姑の気持ちをあらわしていると考えられそうだ。

## 22

# 「天ぷらとスイカは一緒に食べるな」

### 「卵とカラシ」「鰻と梅干し」……どこまでが真実？

激辛グルメや斬新なメニューが話題を呼ぶ今日、食い合わせを意識する人は、あまりいないだろう。そもそも「食い合わせって何？」と思う人もいるかもしれない。

ひと言でいえば、**一緒に食べるとお腹をこわすなど、身体によくないと信じられている組み合わせ**のこと。中国から伝わったといわれ、古くは「ゴマとニラ」「カニと柿」「鯉《こい》とネギ」など、理由がはっきりしない組み合わせも多くあった。

今でも年配の人にはなじみのある食い合わせのひとつが、「天ぷらとスイカ」だろう。これはとくにお盆のころ、よく口にしたものである。お供えにもなる天ぷらをたくさん揚げ、帰省した家族が加わって食卓を囲む姿は、日本のお盆の風景だった。そんなとき、天ぷらをたらふく食べた子が、食後に「スイカが食べたい」とねだれば、「お腹が痛くなるからやめておきなさい」と親がたしなめたものだ。

この言い伝えは、今の科学に照らし合わせても一理あるといえそうだ。天ぷらは油を、スイカは水分を多く含んでいる。油と水はなじまない。子どもが調子に乗って揚げ物をたくさん食べたときなど、油っこい状態になっている胃のなかへ冷えたスイカが加われば、消化不良で腹痛や下痢を起こしても不思議はない。

昔の人は、科学的根拠を知っていたというよりは、経験値からこの食い合わせに気づいたのかもしれない。


もうひとつ食い合わせの代表ともいえるのが「鰻と梅干し」。

おじいちゃん、おばあちゃんがいた家庭なら聞いたことがある人もいるだろう。鰻の脂《あぶら》が梅干しの酸と反応して、お腹のなかで悪さをするというのだ。

ところが、これについては科学的に説明がつかず、単なる迷信と考えられる。もし脂と酸の組み合わせに問題があるなら、たとえば醤油とラー油、酢を混ぜたタレで餃子《ぎょうざ》は食べられないことになってしまう。むしろ、油っこい食材に酢を加えてさっぱりと仕上げるのは料理の常道である。

にもかかわらず、どうしてこんな迷信が信じられたのかは不明だ。

江戸時代、貝原益軒《かいばらえきけん》が書いた『養生訓《ようじょうくん》』には、さらに不思議な食い合わせが登場する。貝原益軒は医学、儒学《じゅがく》を学び、教育家でもあり、八十四歳という当時としては大変な長寿だった。その彼が、健康で長生きする心得を、己の体験を踏まえて『養生訓』につづっている。

そのなかで「卵とカラシ」「豚肉とショウガ」「牛肉とニラ」などを食い合わせとして挙げているのだ。

この組み合わせを見た現代人なら、「おでんの卵にカラシをつけてはいけないの?」「昼にショウガ焼き定食を食べると元気が出るけど?」と、つっこみたくなるだろう。「牛肉とニラ」も、具合が悪くなるどころか、現代ではスタミナ料理の組み合わせである。

ただ今と昔では、食材の保存方法、衛生管理の状態が大きく異なるし、通常の食生活もちがったという背景がある。食い合わせに挙げられるのは、**脂肪分が多く、消化されにくく、また足の早い(傷《いた》みやすい)もの**が多い。昔の人は健康上のトラブルが起きると、そうした食材に原因を見出そうとしたと考えられる。

## 23

# 「雉を食べると三年の古傷も出る」

## ジビエ料理と桃太郎伝説

「雉肉《きじ》は食べたことがない」という人は多いだろう。わざわざ雉でなくとも、今はおいしい鶏がある。もっとも最近では、ジビエ（フランス語で、狩猟によって食材として捕獲された野生の鳥獣のこと）料理に注目が集まっており、ぜひ一度味わってみたいと興味を持っている人もいるはずだ。鍋やコースで提供する専門店、名物料理として提供する旅館なども増えつつある。

雉は、『古事記』にも描かれているほど、古くから身近な鳥である。古くは「きぎす」「きぎし」とも呼ばれ、味がよいとして古来、珍重《ちんちょう》されてきた。

「雉を食べると三年の古傷も出る」とは、三年前の傷が再び膿《う》んでくるという意味。もちろん雉肉を食べたからといって、治ったはずの傷から本当に膿《うみ》が出るようなことはない。現代人にはピンとこないが、これは精がついて元気になるという比喩《ひゆ》なのだ。古傷がうずくくらい身体への刺激が強い食材と考えていたのだろう。

言い換えれば、雉肉がスタミナ食材だったということになる。一年中、よりどりみどりのグルメ食材があふれる今の日本と違い、遠い時代、そもそも肉は毎日食べるものではなかった。冬ともなれば、雉はとても貴重な栄養源だった。

雉肉は**タンパク質が多く、脂質が少ない**のが特徴。カロリーが鶏肉の半分くらいしかなく、それでいて高タンパク質の、いわばヘルシー食材でもある。リンやカリウム、ビタミンBなども豊富に含まれる。身体を鍛えて筋肉をつけたい、健康的にダイエットしたいという現代人にとっても、うれしい肉といえる。

そうしてみると、食料の乏しい冬に雉肉が珍重されたのも納得できる。

一説に、名古屋名物のきしめんは「きじめん（雉麺）」が由来だという。加藤清正が名古屋城を築いたとき、力仕事をする者たちへ、うどんに雉肉を入れさせたとか、尾張藩主に雉肉を入れた麺を献上したのが始まりだとかいわれている。

ほかには、紀州から製法が伝わって「紀州麺」から「きしめん」に転化したともいう説もあるが、雉麺説のほうが意外性があって興味深い。

# 24

# 「大晦日には年越しそばを食べる」

## もともとは「晦日そば」だった

日ごろ、「しきたりにはこだわらない」と言う人でも、大晦日《おおみそか》には年越しそばを食べているのではないだろうか。「小さいころから、家族揃って食べてきたから」「食べないとなぜだか年を越せないような気がする」などという声が聞こえてきそうだ。

それほど、年越しそばは日本の歳時記《さいじき》に浸透しているといえる。

近所のおそば屋さんに一家で行く家庭もあれば、家でそばをゆで、エビの天ぷらと一緒に食卓を囲む家庭もある。一人暮らしや若いカップルなどは、カップ麺《めん》ですませているかもしれないが、それでも年越しそばにはちがいない。

大晦日にそばを食べるしきたりは、江戸中期の町人文化に由来するといわれている。おじいちゃん、おばあちゃんから、

「この長いそばのように、長生きできますようにとお願いして食べるんだよ」

と聞かされた人もいるのではないか。縁起《えんぎ》をかつぐ町人たちは、**細長いそばにあやかって寿命が延び、家運が長く続き、商売が繁盛するように**と願った。

もともとは、月の終わりに商家で食べる「晦日そば」が原形で、それが転じたともいわれる。「晦日」とはその月の最終日。一年の終わりとなる十二月が「大晦日」となるわけだ。

今日でも「月末は忙しい」という業種、職種は多い。江戸時代の商家も一カ月を締めくくる最終日にはなにかと仕事や行事があってあわただしかった。そこで、食事はそばにしてサッとすませたのが「晦日そば」だった。

この「晦日そば」が商売繁盛《はんじょう》、長寿への願いと結びつき、やがて一年の最後である大晦日だけにこのしきたりが残り、年越しそばとして今日まで続いているという。

一方では、金細工《きんざいく》職人の仕事じまいのやり方が関係するとの説もある。

金細工をしていると下に敷いたむしろの上に金粉が飛び散る。一年の終わりにこれを集める際には、そば粉を練って団子にしたものを使っていた。ほどよく金粉がくっついて、うまく集められた。この金細工職人の賢いアイデアから、「そばは金を集め、金運を高める縁起のいいもの」と考えられるようになり、それにあやかろうと広まったというのだ。

さらに、縁起かつぎではなく、悪いものを払拭《ふっしょく》する意味があったとする説もある。

江戸時代、小麦粉をつなぎに使う方法が編み出されるまで、そばはそば粉百パーセントの十割《じゅうわり》そばで切れやすかった。このため、**悪運や災厄を「断ち切る」食べ物**という解釈が生まれ、大晦日に食べて厄を落とそうとしたという。

大晦日の夜に食べるのは、そばだけではない。地域によっては、豪華な年越し料理を食べるところもある。

ただこれは、年越しのためのイベントというより、すでに正月を祝うものだった。というのも、古くは日没を一日の区切りとしていたからだ。

日が沈めば、新しい日が始まる。つまり、大晦日に太陽が地平線に沈んだ後は、すでに新しい年。夕食を軽くすませた後で、尾頭《おかしら》つきの魚やなます、昆布巻きなどを用意し、家族で食べるのである。

また、夕食の後、夜のうちにあらためてお雑煮《ぞうに》を食べる地域もある。あまり知られていないが、「年越しの日の麦飯は一年中の力となる」という言い伝えもある。麦は年を越えて翌春に実をつける越年草《えつねんそう》。寒いころに芽が出てきたら、麦踏みをするのが慣例だ。足で踏みつけ、霜柱《しもばしら》の被害や伸びすぎを防ぐのだが、そんなふうに痛めつけられても健やかに育つ生命力にあやかろうということのようだ。

25

# 「妊婦はハチミツを食べてはいけない」

「流産と下痢」に因果関係あり!?

「妊婦がハチミツを食べてはいけない」と聞くと、

「えっ？　妊婦ではなく、赤ちゃんに与えてはいけないのでしょ？」

と思われるかもしれない。

その通り、現代医学では、生後一歳未満の乳児にハチミツを与えると、ボツリヌス菌が原因の「ボツリヌス症」の恐れがあることが明らかになっている。ビスケットなどにもハチミツが含まれている場合があるので、親は神経を使っているだろう。

ところが、古来から数多い「妊娠中の食べ物のタブー」のひとつとして、ハチミツが登場するのだ。

なぜ、妊婦がハチミツを食べるのは、よくないのか。

その理由は、お腹がゆるくなり流産を引き起こすかららしい。現代からすれば、なんとも突飛な話である。

むしろ、ハチミツにはお腹の調子を整える作用がある。腸内環境を整えるのに役立つグルコン酸に加え、腸内の善玉菌を増やすとして知られるオリゴ糖も含まれている。

ただ昔は、妊婦のお腹がゆるくなることに神経を使っていたようだ。

なぜなら**下痢が流産を誘発すると考えられていた**からである。事実、江戸時代には堕胎薬《だたいやく》として激しい下痢を起こす薬が使われたという。

今でこそ、下痢をしたからといって流産に直結しないとわかっているが、医学が進んでいなかった時代のことを考えれば、このような言い伝えが戒めとして広まったとしてもしかたないだろう。

妊娠中に避けるべき食べものをあらわす言い伝えはほかにもあるが、どれもが迷信の類《たぐい》である。

たとえば「カニを食べさせるな」。

これは毛深い子が産まれるからだという。単純にカニは毛深いから、子どもも毛深くなるという連想からきているようだ。

## 26

# 「卵酒を飲むと風邪が治る」

## 日本酒に生卵を入れるとどうなるか

風邪は万病の元――。今でもよく耳にする言葉だ。忙しくて休めないなどといって「たかが風邪」と侮っていると、こじらせて結局、長く寝こむことにもなりかねない。

日本最古の医学書である平安時代の『医心方《いしんぽう》』にも、「風邪は百病の長なり」と記されている。風邪の病が転じて、ほかの深刻な病気になると信じられてきたのだ。

今日では、「風邪かなと思ったら早めに風邪薬を飲む」という人が多いだろうが、実際のところ風邪はウイルスによるもので、風邪を治す特効薬などは存在しない。

市販されている風邪薬は、発熱や頭痛、せき、鼻水といった症状をおさえるだけであって、いわば対症療法にすぎない。

では、早く風邪を治すにはどうしたらいいかというと、結局は、身体をあたたかくして、精がつくものをとり、ゆっくり休むことに尽きる。

あまりに当たり前すぎると思うかもしれないが、それが医学的にも正しい対処法である。

それを考えれば、風邪を治すには「卵酒を飲む」という昔からの言い伝えは、現代にも通用する部分がある。

若い年齢層では「卵酒など飲んだこともない」という人も多いだろう。日本酒に生卵を加えたものが卵酒。

日本酒一合くらいを鍋に入れて火にかけ、あたたまってきたら砂糖を加えて溶かし、そこに生卵をひとつ割り入れたものだ。

**アルコールが血行をよくし、身体をあたためてくれる。卵は良質なタンパク質であり、ミネラルやビタミンも補給できる。**

現在のように豊かでなかった時代、卵は精がつくぜいたくな食品であり、庶民は病気にでもならなければ口にできなかった。卵酒はそれだけ価値が高いともいえる。こういった背景からも、卵酒に価値を見出してきたのだろう。

# 3章

# 効果あり？　金運や出世、ご縁をもつかむ方法

## 27

# 「夜中に銭勘定をしてはいけない」

### 静まり返った場所から聞こえる「チャリン」という響き……

キャッシュレスが進む昨今、そもそも現金を手元に置いていないという人も多いだろう。そんな現代人にとって、この「夜中に銭勘定《ぜにかんじょう》をしてはいけない」は、イメージできない言い伝えだろう。

それでも、現金払いが多い飲食店では、閉店後に店主がレジを締め、注文書と現金が合っているかを数えるものだ。

時代をさかのぼった江戸時代でも、夜中に金勘定をした商人が少なくなかったらしい。そこで生まれたのが、この言い伝えである。

当時のお金といえば、**紙幣ではなく小判や小粒《こつぶ》と呼ばれた銀貨などの硬貨**である。家じゅうが寝静まった夜に数えようものなら、当然、チャリン、チャリンと鳴り響いたはず。

夢中で数えている当人は意識しなくとも、奉公人《ほうこうにん》の耳には届くかもしれない。

江戸の大店《おおだな》ともなれば、番頭や手代《てだい》、丁稚《でっち》など、家族以外にいろいろな人間が住みこみで働いていた。主《あるじ》からのひどい扱いに、家に帰りたいと枕をぬらす丁稚もいただろう。長年仕えても報《むく》われないことに不満をつのらせる手代も多かっただろう。

そんな彼らの耳に、小判の響く音は「悪魔のささやき」となったにちがいない。「いっそ、金を奪って逃げようか」「ちょっとだけなら、くすねてもわからないのではないか」

魔が差すことがないように、夜中には金勘定は控えたほうがよいという戒めが、この言い伝えというわけだ。

加えて、ひっそりと静まり返った深夜には、外まで音が響いたであろう。太陽が沈んでも街頭やネオンが明るく、多くの人々が活動している現代とは違う。人通りの途絶えた暗闇を行き交《か》うのは、猫か泥棒くらいのもの。泥棒なら硬貨の立てる音を聞き逃すはずもない。

だから、「夜中に銭を数えると泥棒に入られる」という言い方も残っている。稼いだお金を大切にし、余計なトラブルを招かない知恵である。

# 28 「ぞうきんで顔を拭くとあがらない」

## 「もはや怖いものはない」境地に？

仕事でのプレゼンテーション、会議でのスピーチが苦手という人がいる。大人数を前にするとついあがってしまい、頭が真っ白になって言葉が出なくなるらしい。大舞台に限らず、面識のない人と話すだけでも、緊張して声が上《うわ》ずってしまうという人もいるようだ。

そんなあがり症の人のために、長い間言い伝えられてきた方法がある。それが「ぞうきんで顔を拭くとあがらない」。

今の人と、この迷信がまことしやかに語られていた時代の人では、受け取る印象がまるで違うだろう。

昔は古くなった布やタオルを縫ってぞうきんにし、バケツに張った水で洗いながら、くり返しボロボロになるまで使ったものだ。一方、最近は、家庭で使うぞうきんといえば、使い捨てのものかペーパータオルだったりするので、昔とはずいぶんちがう。

イメージとしては、オフィスや商業施設の床掃除をするモップと茶色く濁ったバケツの水を思い浮かべてみるといい。あの水ですすぎ、絞ったモップで顔を拭く姿がイメージだ。

とてもできないと思うにちがいない。つまるところ、この言い伝えの狙いは、**ぞうきんで顔を拭かなければならないほどひどい目に遭《あ》えば、もはや怖いものはないと開き直れる**ところにある。

自分をよく見せよう、いい格好をしようとするから、ますます緊張もする。余計なプライドなど捨てたほうが、素《す》の自分で勝負できるというわけだ。

似たような言い伝えに、「気おくれする子は、元日の朝、ぞうきんで顔を洗ってやると恥ずかしがらなくなる」「赤子《あかご》の顔をぞうきんで三度ぬぐえば、人おじしない」というのがある。

いずれも子どもを大事にしすぎると、他人のなかに出ていけなくなるとの戒めだと解釈されている。ときには少し乱暴に見えても、恥をかかせることも子どもの成長には大事だというのである。

# 29

## 「赤鼻の男は出世しない」

### なぜ出世できないとわかるのか？

仕事は自分で作る時代――。上司に与えられた仕事をするだけでは出世どころか、会社に居場所がなくなるだろうといわれる。そんな厳しいビジネス社会では、これまで以上に自己マネジメントが求められる。時間の割り振り、仕事の進め方、そして体調管理だ。

昔から「赤鼻《あかばな》の男は出世しない」と言い伝わる理由は、**大酒飲みと見なされた**から。赤くなる鼻の正体は、「酒《しゅ》さ」と呼ばれる皮膚疾患《ひふしっかん》のひとつ。皮膚の毛細血管が拡張し、鼻の頭が赤くふくらんで毛穴のぶつぶつが広がってしまう。ザクロの実のように見えることから「石榴鼻《ざくろばな》」と呼ばれることもある。

昔からこう言い伝えられるほど、大酒飲みに赤鼻が多いことが経験的にわかっていたのだろう。赤鼻は中国でも見られたらしく、そもそもこの言い伝えは、中国の観相学《かんそう》がルーツだという説もある。

始終《しじゅう》飲んだくれていないと、そうそうの酒量では赤鼻にはならない。だから、赤鼻の家族がいたら、家計は火の車だったにちがいない。当然、酒びたりのままでは、よい仕事にも恵まれず、出世が遠のくのも無理はなかった。

また、「出世しない男」だから、結婚相手としては不適格と見なされ、縁談も持ちこまれなかった。このように「赤鼻男」は、周囲から白い目で見られる存在だったのだ。

出世できないサインとしては、もうひとつ「貧乏ゆすり」がある。「貧乏ゆすりをすると出世できない」「貧乏ゆすりをする人は貧乏になる」という言い伝えが残っている。これは貧富の差が激しく、食糧事情が悪かった時代の名残りと見られる。栄養失調で病気になり、手足のふるえがとまらない浮浪者《ふろうしゃ》が多かったため、このしぐさと貧乏とが結びついたようだ。

また、貧乏ゆすりは、神経質で落ち着きがない、いわゆる「貧乏性《しょう》」に映ったのだろう。たしかに、そういうタイプは出世とは結びつかない。出世する大物なら、どんと構えているイメージがあるものだ。

# 30

## 「茶柱が立つと幸先がよい」

### 見つけても自分から言ってはいけない

急須で日本茶を淹れたとき、茶碗のなかに茎（茶柱《ちゃばしら》）が垂直に立った状態で浮かんでいる——。この様子が「幸先《さいさき》がよい」「縁起がよい」象徴とされ、今もよいことが起こる兆しとして喜ばれている。その理由のひとつには、**確率の低さ**がある。茶柱は偶然が重ならないとまず立たない。そもそも煎茶《せんちゃ》の場合、葉だけを使うので基本的に茎は含まれない。一般的に葉の軸なども取り除かれる。だから、煎茶を淹れて茶柱を見つければ、茎が珍しく紛《まぎ》れこんでいたことになる。

次に、急須には茶こしの網がついているので、たとえ茎が紛れこんでいても通常はそこで引っかかり、茶碗のなかまで出てこないようになっている。これは茎が含まれる番茶や茎茶《くきちゃ》の場合も同じことである。にもかかわらず、網の目をも通り抜けて出てくるのだから、珍しいといえよう。

さらに、茶の茎が急須から流れ出たとしても、普通ならお茶の表面に横に倒れて浮かぶだけだろう。それが垂直に立つのだから、絶妙なバランスが必要になる。このように偶然に偶然が重なり、これはもうよいことが起こる前触《まえぶ》れにほかならないと見なされたというわけだ。

「茶柱」が「柱」と表現されることも大きい。一般的に柱は、家を支える重要な役割を果たしている。茎がお茶のなかでゆらゆら浮いているのでなく垂直に立っている姿は、家の柱をも暗示しているかのようで、縁起がよいととらえたのだろう。

一方で、今もお茶の名産地である駿河《するが》（現在の静岡県中部）のお茶の商人の宣伝文句が起源とする説もある。茎が混ざっている茶葉は、その茎が邪魔になって口当たりものど・ご・し・もよくないから、どうしても売れ残ってしまう。そこで考えに考えた商人が、「茶柱が立つとよいことが起こる」と言って売り出した。その**宣伝文句が縁起をかつぐ人々に受け、各地へと広まり、定着した**というのだ。

ちなみに、「あっ、茶柱が立っている」と口に出すのは、よくないとする言い伝えもある。「他人に知られないうちに飲み干せ」「他人が聞くと、その人に福が移ってしまう」「そっと拾い上げて着物の左袖《そで》に入れておくとよい」など、歓喜の声は上げず、そっと隠しておけと助言している。

# 31 「朝茶は一日の難を払う」

なぜ、コーヒーではダメなのか？

朝茶《あさちゃ》とは、文字通り朝に飲むお茶。とくに、朝食の前に飲むお茶を指すこともある。いずれにせよ、朝にお茶を飲めば禍《わざわい》から逃れられるとするのが「朝茶は一日の難を払う」という言い伝え。「朝茶は福が増す」ともいい、災難除けになるだけでなく、よいことを招くとも考えられていた。

つい最近まで、仕事に取りかかる前にお茶を飲む習慣は、一般的だった。職場ではお茶汲《く》み役とされていた女性社員が上司や部署全員に出したりしていた。また、農村部では、近所の人が集まって縁側でお茶を飲み、それから農作業に出かけたものだ。

昔の人は、この**朝茶に大変なパワーがある**と信じていた。だから、朝茶が「一日の難を払う」「福が増す」というだけでなく、「朝茶は一里《いちり》戻っても飲め」ともいう。朝、いったん家を出た後、「朝茶を飲んでいなかった」と思い出したら、一里（約三・九キロ）くらい歩いて戻ってでも飲んだほうがよいとする言い伝えだ。

さらには、一里どころではなく、「朝茶は三里戻っても飲め」「朝茶は七里《しちり》戻っても飲め」とするバージョンまである。さすがに七里を歩いて戻るのは現実的ではないが、朝茶のメリットはそれくらいあるということを伝えている。

朝にお茶を飲む意味合いを教えてくれるのが、「**朝茶は祈祷**」という言葉である。お湯を沸かし、急須に茶葉を入れ、熱い湯を注ぐ。ひと呼吸置いたら、茶碗に注ぎ分けていく。

お茶を淹れるのも、そのお茶を味わって飲むのも、祈りを捧げるのと同じ静かな時間である。まるで茶道《さどう》の精神のようだ。家族とおしゃべりするのではなく、無言のうちに行なえば、自分自身と向き合う時間を持つことにもなる。

こうして落ち着いて清らかな気持ちで一日を始められるきっかけとしたのである。仕事やプライベートで重要な事柄がある日は、気持ちを集中して朝茶を飲んで出かけるとよいかもしれない。

## 32

# 「朝、ご飯に味噌汁をかけて食べる人は出世しない」

「一事が万事」の法則

「朝食抜きが当たり前」という人は社会人でも多い。食べるにしても、菓子パンひとつだったり、栄養補助食品だったり……。勤め人が出勤途中でファストフード店に立ち寄り、大急ぎで朝食をとることも、最近では当たり前の風景となっている。

そうなると、もはや「朝、ご飯に味噌汁《みそしる》をかけて食べる人は出世しない」と言われても、疑問しか浮かばないだろう。

ご飯に味噌汁をかける、汁かけご飯は「ねこまんま」ともいわれ、昔から手っ取り早く食事をすませる食べ方だった。行儀が悪い食べ方として、しつけに厳しい家庭ではご法度《はっと》だったにちがいない。

「汁をかけて食べると、外で災難に遭う」という言い方もある。

つまり、**あわてて食べて、大急ぎで出かけたりするなという戒め**である。たしかにそんな余裕のない状態では、事故に遭いかねない。

しかし出世とは、どうつながるのか。

これは日ごろの生活習慣をあらわしていると考えれば納得できる。朝、汁かけご飯でさっさとすませるのは、ギリギリまで寝ていて食事の時間がないからである。もっと早く起床し、落ち着いて食卓につけば、「ねこまんま」でかきこむ必要はない。時間にも気持ちにもゆとりがあるはずだ。

大きな仕事を成功させるには、計画的に物事を進めることが必要である。ドタバタと会社に駆《か》けこむような人は一事《いちじ》が万事《ばんじ》、何事もギリギリになることが多い。いざという局面であわてふためいてしまうにちがいない。

一方、自らの責任をきちんと果たすために、自己管理をして、ベストな状態で仕事に臨《のぞ》む人なら、上司も安心して仕事をまかせられる。つまり出世の道も開けるというもの。

日ごろの生活習慣が大事であることを教えてくれている。

朝くらい、きちんと食事をとってスタートを切れるようでなければ、出世など夢のまた夢である。

# 33

# 「朝のクモは吉、夜のクモは凶」

## 同じ生き物なのに、なぜこんなに違うのか？

マンションでは少なくなったが、豊かな自然に恵まれた地域の古い家では、今でも「クモ、クモ！」と悲鳴が上がる。小さいクモならまだ耐えられるが、大きいクモともなれば近寄れないという人は少なくない。

昔の人はどうであったかというと、「クモは縁起がよい」と喜んで、ひょいとつかんでは神棚《かみだな》に上げたりしていた。ただそれは基本的に朝のうちの話。一日のうちで時間帯によって扱いが変わってしまうのがクモである。

それを簡潔に教えているのが、「朝のクモは吉《きち》、夜のクモは凶《きょう》」という言い伝えだ。

朝、クモが家に入ってきたら、「福が来る」「待ち人《びと》が来る」「お金が入る」「もらいものがある」など、よいことが起きると言い伝えられた。

縁起がよいのだから、間違っても殺したりしない。朝のクモは「殺せばバチがあたる」「親の仇《あだ》と思っても殺すな」ともいわれる。**「神の使い」と考えて、神棚に供えるのが正しい対応**と見なされていた。

クモをよい兆しとする考え方は、はるか遠い時代までさかのぼる。『古今集』に「我が夫子《せこ》が　来《く》べき宵《よひ》なり小竹《ささ》が根《ね》の　蜘蛛《くも》の行《おこな》ひ今宵《こよひ》著《しる》しも」という衣通《そとおり》郎姫《のいらつめ》の歌がある。クモが巣をかけている様子を見て、我が夫子《ふうし》つまり、想いを寄せる允恭《いんぎょう》天皇が今夜訪ねて来られる兆しだろうかと、切ない想いを詠《よ》んでいる。また、『平家物語』にも、よい知らせをもたらす生き物としてクモが登場している。それが時代が下《くだ》るにしたがって、朝夕の区別がなされるようになった。

夜のクモは、「縁起が悪い」「不吉」「盗難に遭う」と考えられた。暗闇のなかを糸を垂らして降りてくる様子を想像してみてほしい。天井から縄を垂らして降りてくる泥棒のよう……。

つまり**「泥棒の先使《さきづか》い（泥棒に道を案内するもの）」と見なされた**のだ。そして、朝はもてはやされたのに一転、「始末せよ」「親に似ていても殺せ」「どこまで追いかけても、しとめよ」などと、けしかけられるようになった。ただ、この朝と夜が正反対の意味になる地域もあり、クモにしてみればとまどうばかりである。

# 34

# 「お店の玄関口には盛り塩をする」

そもそも「塩」ではなかった！

老舗《しにせ》の店や日本料理店の玄関口に、盛《も》り塩《じお》がしてあるのを見たことがあるだろう。これは飲食店に限らず、一般事務所などでも見かける光景である。

玄関をきれいに掃《は》き清めたあとで塩を盛る。専用の型もあり、円錐《えんすい》形のほか三角錐、五角錐などの盛り塩もある。盛り花、口塩《くちじお》ともいい、目的は縁起をかついでお客さんを呼びこもうするものだ。

塩を使うのでお清め、厄払いの意味合いで解釈している人が多いだろうが、もともとは塩ではなく**「盛り砂」に由来**するという説がある。

それは平安時代ごろにまでさかのぼる習慣である。そのころ、儀式を行なうため貴人を迎えるときには、車寄せの両側に砂を高く盛ったという。この車とは牛《ぎっ》車《しゃ》のことで、牛の首の後ろに掛《か》ける横木を、その砂にもたせかけ、客人が降りやすいように固定した。今でいえば、客の駐車スペースを整えることになるかもしれない。また、輿《こし》に乗って客人が訪れた場合は、長い棒の部分を盛り砂のところへ下ろし、安定させるために使った。盛り砂は実用的な意味があったことになる。それが時とともに客寄せの縁起ものと見なされるようになり、いつしか砂から塩へと変わっていったようだ。

もうひとつ、古代中国の皇帝のエピソードにルーツを求める説もある。後に武帝《ぶてい》となる司馬炎《しばえん》は、後宮《こうきゅう》に一万もの女性を住まわせていた。あまりに多くて自ら選ぶのが大変になったので、車を引かせるヒツジが立ち止まった屋敷で降りるようにして、その女性のもとに赴《おもむ》いたという。それを知った女性たちは、ヒツジが好んで口にする塩を戸口にまくようになったというのだ。

このエピソードは武帝ではなく、始皇帝であり、車は牛車とする別説もある。始皇帝のもとにも多くの女性がいたため、女性たちは着飾るなどして何とか帝《みかど》の気を引こうとした。そのなかに牛の好物の塩を戸口に置くことを思いついた女性がいて、案の定《じょう》、牛がそこから動かなくなったため、首尾《しゅび》よく帝の目に留《と》まったという。古代中国のエピソードは、いずれも時の権力者をも引き寄せる塩に縁起を見出した話として残っているが、由来は諸説あり、はっきりしていない。

35

# 「初夢は一富士、二鷹、三なすび」

よりによってなんで「ナス」なのか

日ごろはあまり縁起をかつがない人も、正月に見た夢は気になるかもしれない。悪い夢なら暗い気持ちに、よい夢なら「今年はよい年になりそう」という具合に明るい気持ちになるものだ。

初夢は、一般的に一月二日の夜に見る夢といわれている。ただ、その解釈には時代とともに変化があった。「新年になって最初に見る夢」として、江戸時代には大晦日から元旦にかけて見る夢とされていた時期もある。その後、さまざまな事始めが二日とされて、初夢も二日になったという経緯がある。

昔の人はなんであれ「お初《はつ》」となるものに意味を見出した。**初夢はその年の吉兆を占うと見なされ、よい内容なら幸《さち》多い年になる**と信じられていた。

どんな夢なら縁起がよいのか、そのランキングを示したのが「一富士、二鷹、三なすび」である。

これらが、なぜ縁起につながるのか。

富士山はなんといっても日本一の山。信仰の対象であり、おめでたいことの象徴とされたことを考えれば、誰もが納得するだろう。

二番目の鷹については、天空を悠然《ゆうぜん》と舞う姿は風格があり、まさに空の王者。その力強さはこれからの飛翔を暗示しているかのようで、運気が上昇する印象を与えてくれる。

では、三番目のなすびはどうだろう。富士山、鷹に続き、身近な野菜のなすびでは、どうしてもイメージに開きがある。

ひとつの解釈だが、「なすびは〝成《な》す〟に通ずる」という語呂合わせから、「事を成す」「名を成す」「財を成す」などにつながり、縁起がよいとする説がある。

ただ、「一富士、二鷹、三なすび」の由来はじつは諸説あって、はっきりしていない。では、ほかにどんな解釈があるのか。

「一富士、二鷹、三なすび」の言い伝えは、**高いものを集めた結果だとする見方**がある。

富士山が日本一高い山であるのは、誰もが知っている通り。鷹については、もともとは富士山の南東にある高い山「愛鷹《あしたか》山」を指していたという。それがいつしか省略され、「鷹」というようになったようだ。

ここでもまた「では、なすびは？」となるが、これは値段が高いということらしい。江戸時代の元禄《げんろく》年間のころ、ナスが高騰《こうとう》したことがあり、それにちなんでいるというわけだ。

ほかには、**日本三大仇討《あだう》ちに由来**とする説がある。

富士は曽我《そが》兄弟が富士の裾野で果たした仇討ちを指し、鷹は赤穂浪士《あこうろうし》が仕えていた浅野家の家紋、すなわち「忠臣蔵《ちゅうしんぐら》」の仇討ちをあらわしているという。なすびは伊賀の名産で、荒木《あらき》又《また》右衛《え》門《もん》の伊賀越えの仇討ちである。ナスは荒木家の家紋だったともいわれる。

いずれも仇討ちを果たしたことに、想いが通ずる、願いが叶《かな》うという縁起に結びついたというのだ。

**徳川家と関連づける説も根強い**。家康が幼少時代を過ごした駿府《すんぷ》の名物であるとか、家康が好んだものを集めたといった説だ。家康が天下をとるまで身を興《おこ》したこと、幕府の権威を考えると、将軍家の影響から生まれたとしても不思議はない。

三番めのなすびについても、徳川家についてまとめた歴史書『徳川実紀《じっき》』には三代将軍・家光に駿府から新ナスが献上されたという記述がある。わざわざ記すほど、ナスは特別なものだったのかもしれない。

この初夢ランキングには、じつは続きがある。それは「四扇《おうぎ》、五タバコ、六座頭《ざとう》」。座頭とは、目が不自由で髪を落とした琵琶法師《びわほうし》のことだ。いずれも駿府の名物や風物詩である。

江戸時代、これらの夢を見ようと、縁起物として七福神が乗りこんだ宝船《たからぶね》の絵が売られた。それを枕の下に入れて眠れば、よい夢を呼びこむと宣伝され、人々はこぞって買い求めたようである。

# 36

# 「千羽鶴に願いをかける」

## 折り紙には「穢れを祓う力」がある!?

ある願いを込めて折り続けられてきたのが「千羽鶴」だろう。高校の野球部の甲子園出場を願って同級生や保護者、OBらが総出で折ったとか、応援するスポーツチーム、選手のために広く呼びかけて千羽集めたといった話を耳にする。病《やまい》からの回復を願って友人や子どものために千羽鶴を贈ったという話も珍しくない。お寺や神社、医療機関、福祉施設などに有志が千羽鶴を贈るケースもある。

日ごろは非科学的なことを否定する人も、自力ではなんともしがたい壁に直面すると願《がん》をかけたくなるものだ。今日でも、鶴を折るしきたりを受け継いでいるのは、「願いが叶うと信じたい」という心のあらわれだろう。

千羽鶴の歴史をさかのぼると、折り紙を神社などに奉納したことに行き着く。平安時代のころには、**紙は大変な貴重品であり、穢れを祓う力を宿していると信じられていた**のである。今では想像しにくいが、紙そのものへの信仰があって、折り紙は宗教儀礼に用いられていた。

そして、室町時代に入ると、おめでたい鳥である鶴を折るようになる。「鶴は千年、亀は万年」というように**鶴は長寿のシンボル**だ。縁起のよさにあやかって、願いが叶うように、幸せが訪れるようにと祈ったのである。

なぜ「千羽」なのかというと、「鶴は千年」とする数字に合ううえ、数を重ねることで、よりめでたさが増すように考えられたからだろう。千羽鶴の「千羽」は、きっちり千羽でなければならないわけではなく、数多いという意味だった。

そして戦後、千羽鶴は平和のシンボルともなった。広島で被爆した女の子がつらい闘病のなかで「治りますように」と祈りを込めて鶴を折り続けた話が、海外まで伝わり、平和への願いをあらわす象徴として知られるようになった。

二〇一六（平成二十八）年、オバマ米大統領（当時）が現職大統領として初めて広島を訪れたときには、自ら折ったという折り鶴を寄贈《きぞう》したことが大きな話題となった。

気持ちを込めて一心に折った鶴が集まると、そこには特別な趣《おもむき》が生まれるのは、昔も今も変わらないようだ。

# 37 「財布を贈るときは種銭を入れる」

「すっからかん」は願い下げ

親しい人に財布を贈ったことはあるだろうか。選ぶとき、つい流行のデザインやブランドに目が行きがちだが、相手のことを考えて、縁起をかついでみるのもひとつの選び方だろう。

それが「財布を贈るときは種銭《たねせん》を入れる」というもの。「種銭」とは、お金を貯めるときに、そのもとになるお金のことだ。

なにも高額紙幣を入れる必要はない。五円玉でも十円玉でもよいので種銭として入れておくのが、古くからの習わしである。**小銭をもとにしてお金が増えていくことを連想させる**わけだ。「(お金と)ご縁がありますように」と、語呂をかけて五円玉が使われることが多い。

逆に種銭のない財布は、「すっからかん」になることを連想させ、縁起が悪いと見なされる場合がある。

銭洗《ぜにあらい》弁天が近くにある地域などでは、霊水で洗った五円玉を財布に入れて贈ることもある。お金が殖えると信じられており、財運が上がりますようにと願ってのことだ。

財布には小銭でも入れておいたほうがよいという考えは、「お金は寂《さび》しがり屋」という俗信《ぞくしん》ともつながる。お金はないところには来ない、たくさんあるところに集まるという考え方だ。

面白いことに、ところ変わって海の向こうの米国にも、「財布をプレゼントするなら一セント硬貨を一枚入れる」という風習がある。日本の種銭と同じように、一文無しにならないようにという縁起かつぎである。

財布のなかに入れておくと縁起がよいのは、種銭ばかりではない。有名な言い伝えに「ヘビの皮を財布に入れておくと金持ちになる」というのがある。

ヘビは動物のなかでも古くから特別な存在だった。人を殺《あや》める力を持ち、扱いを間違えるとたたられるとも恐れられてきた。それと同時に、人に幸《さち》をもたらす神聖な力を持っているとも信じられてきた。

財布にヘビの皮を入れておく風習は、中国に由来する。遠い時代から人々はヘビの姿に畏怖《いふ》を覚えていた。

とくに、脱皮する様子に尋常ではない生命力を見たはずだ。脱皮をすることで生まれ変わり、新たな生命を得られる、つまり無限に生命が続いていくと考えたようだ。

だから、財布にヘビの皮を入れておけば、その蘇生《そせい》する力にあやかって、お金を無限に殖やしていくことができる——。こうしてヘビの皮を財布に入れるしきたりが広まったのである。

もうひとつ、昔からの言い伝えを参考にするなら、自分で買う場合、季節は秋ではなく春にしたほうがよさそうだ。なぜなら、秋は「空《あ》き」につながるから避け、財布にお金がいっぱい入って「張《は》る」につながる春を選んだほうがよいというわけだ。

むろん最近では、風水などで運が開けるとされる財布を選ぶ人もいるらしい。ズバリ「開運財布」と称して売られている商品さえもある。昔の縁起かつぎとどちらが効果があるのか、それは「本人のみぞ知る」である。

# 38 「贈り物には水引をかける」

## 「結ぶところ」にあるものとは

「水引《みずひき》」と聞いただけで、「そういう古いしきたりは苦手」と頭をかかえてしまう人は多い。とくに冠婚葬祭のルールは細かく、そういう人はふだん慣れないマナーにとまどってしまうのだろう。

お金を入れたご祝儀《しゅうぎ》袋や贈り物の包みにかけて結ぶのが、水引である。といっても、今では自分で「結ぶ」機会はまずない。ご祝儀袋にセットされたものを使うのが一般的である。

この水引の風習は、**祭祀《さいし》のときに神様へのお供えを束《たば》ねた藁に由来**するといわれている。はじめは簡単に藁を結んだものだったのが、しだいにコウゾ（クワ科の植物）の繊維で作った木綿《ゆう》や、麻やカラムシ（イラクサ科の植物）の繊維で作った糸などを使うようになり、華美になっていった。そして、中国から紙の製法が伝わると、紙を使うようになる。細長く切った紙を細く縒《よ》り、のりを塗り固めて丈夫にしたものが贈り物に用いられるようになった。

日本には古代から「結《ゆい》」の信仰があり、それは神社のしめ縄にも見ることができる。神聖な場所を区切り、邪気、悪霊などの侵入をはばむ目的がある。**結ぶことで魔除けとし、同時に魂が宿る、魂を結び入れる**と考えられた。

包み紙を水引で結ぶことで、贈る品物の穢れを祓って清いものとし、贈る人と受け取る人の間に縁《えん》を結ぶことができると信じられていたのだ。


水引は神事に由来することから、もともとは白一色だった。白は何ものにも染まっていない、清浄にして最も格の高い色だ。現在では、おめでたい場合は赤白、または金銀、また金と赤などが用いられる。一方、不幸があった場合は、あえて色をつけないこととされ、水引は白黒、また白銀《はくぎん》などを使うようになった。

こうした色つきの水引は、中国からの輸入品に端《たん》を発するという。紅白の縄で結わえられた状態で日本に届き、大変貴重で縁起がよい贈り物と見なされたことから、同じように紅白の水引をかけるようになったと伝えられる。

紅白の水引をかけるときは、左右のどちらに白が来るかを間違えないように注意する必要がある。清浄な神の色である白は絶対的な上位の色なので、受け取る人から見て左に来るのが決まり。左右では左が上位、右を下位と見るのが日本のしきたりである。

また、さまざまな結び方があり、目的によって使い分ける。この複雑さも贈り物のマナーに苦手な人が多い一因だろう。

ただ、使い分けのポイントは単純明快。何度くり返してもよい慶事、つまり出産や長寿のお祝いなどは、端《はし》を引けばほどけて何度でも結び直せる「蝶《ちょう》結び」のものを用いる。おめでたいことであっても、結婚は一生続くのが望ましいので、この場合は蝶結びは避けられる。

これに対して、二度目があってはならない場合、くり返されないように願う場面では、端を引いてもほどけない「結び切り」のものを用いる。結婚のほかお葬式、病気見舞いなどである。

贈り物に水引を結んだところで中身は変わらない。だが、水引の歴史をひも解けば、贈り主の気持ちが込められており、縁を大事にする日本のよき伝統に気づかされる。

## 39

# 「祝儀袋と不祝儀袋」

### 外袋の合わせ方のウソホント

急な不幸の知らせがあれば、準備にあわててしまうものだ。お通夜に駆けつけようとコンビニで香典《こうでん》袋を買い、表《おもて》書きをして、紙幣を入れ、中袋を外袋で包んで……。そこではたと考えこんでしまった経験のある人は少なくないはず。

外袋の背面を上向きにするのか、それとも下向きにするのか。「慶事と弔事《ちょうじ》では合わせ方が逆になる」ということくらいは知っているものの、どちらが上だったかまではっきり覚えていない。

じつは、もともと慶弔《けいちょう》による区別は厳密ではなかった。下から折って、上の部分を重ねるという、いたって自然な折り方をしていたようだ。それが最近では、上の部分が下の部分の上に重なるように畳むのは、通夜や葬式などの弔事の場合、すなわち香典袋、不《ぶ》祝儀《しゅうぎ》袋の畳み方と見なされるようになった。

一方の慶事、すなわち結婚や出産のお祝いなどのご祝儀袋は、逆の合わせ方が正式とされる。上の部分を折ってから、下の部分をその上に折り重ねる。

なぜ、そのような違いが生まれたかについては、諸説ある。

一般的には、**弔事の場合、まぶたを閉じた形として、上から下へと悲しみが流れていくようにするため**とか、深く身体を折り哀悼《あいとう》を捧《ささ》げているイメージをあらわすためなどといわれる。

**慶事の場合は、下の部分を上にすることで幸せがこぼれ落ちないように受け止めるため**、また両手をあげて万歳をイメージしているなどという解釈があるようだ。この外袋の折り方にもこだわるあたり、いかにも日本人の繊細さがにじみ出ているといえるだろう。

もうひとつ、香典袋には薄墨《うすずみ》で文字を書くしきたりがあるが、これには悲しみで涙が落ち、墨が薄くなってしまったとする意味合いがある。また、突然の訃報《ふほう》でしっかりと墨をすっている余裕もないままに駆けつけたことを示しているともいわれる。

いずれにせよ、薄墨が悲しみをあらわすとされ、筆ペンを使うのが一般的となった現在では、薄墨タイプの商品も用いられている。

# 40

## 「世話になった人にはお中元・お歳暮を」

### なんで一年に二回の「ごあいさつ」？

例年、お中元・お歳暮商戦では、デパートもスーパーも商店街の店も稼ぎ時とばかり盛んにアピールしてくる。利用する側は、誰に何を贈ったら喜ばれるか、予算はどのくらいにするかと、あれこれ気をつかう時期だ。

お中元の起源をたどると、意外なことに中国の道教《どうきょう》に行き着く。道教では、一月十五日を「上元《じょうげん》」、七月十五日を「中元《ちゅうげん》」、十月十五日を「下元《かげん》」と呼び、三つ合わせて三元《さんげん》という祭日だった。

この三元は、道教の神様（天官、地官、水官）の誕生日を祝うものだった。なかでも中元は、贖罪《しょくざい》の日として盛大にお祝いをする行事とされていた。人々は神様を祀り、火を焚《た》き、罪をあがなったという。

なぜ三元のうちで中元だけが日本に定着し、今のような贈り物の形態へと発展したかというと、日本のお盆の時期と重なったことが大きいと考えられる。旧暦七月十三日から十五、六日は仏教の「盂蘭盆《うらぼん》」、すなわちお盆だ。

**お盆には、ご先祖様、亡き人の供養《くよう》をするために、親類などにお供えを贈る習わしがもともとあった。その習わしと中元が合わさって、お世話になっている人に感謝を込めて贈り物をする「盆礼《ぼんれい》」として広まったようだ。**とくに江戸時代には盛んに贈り物をしていたという。

本来、贈る品物は仏前のお供えだったので、かつては白米、麺類、菓子、果物などが選ばれた。しかし今や、供え物というよりは感謝のしるしである。デパートなどのカタログやサイトを見ても、グルメ商品から日用品、趣味のものまで多種多様な品々を掲載している。

では、もう一方のお歳暮はどういう始まりなのだろうか。お中元とセットとしてとらえられているが、由来は異なる。

かつて日本では年越しにあたり、祖先の霊を祀って塩鮭や塩ブリ、するめ、数の子などをお供えし、御霊祭《みたままつり》を行なっていた。その際、分家の人や親類などがお供えの食べ物を持ち寄って本家に集まり、皆で飲み食いしたのである。その名残りが、現在のお歳暮だと考えられている。お中元同様、ご先祖様の供養が根底にあるといえる。

本来は品物を持参して集まり、ともに飲食していたのが、やがて遠方でなかなか帰省《きせい》できない場合や、仕事の都合で訪問できない場合、供え物だけを贈るようになっていった。宴会を開く形態から品物を贈る形に転じていき、そこから親や目上の人にお正月の準備に欠かせない品物を贈る習慣へとさらに変わっていった。

年末に親戚、知人、仕事関係者が集まり、一年間の無病息災と厚情《こうじょう》に感謝して酒宴を開くことは、今では忘年会というが、これも先祖供養の宴《うたげ》が発展したもの。かつては歳暮といわれていた。

今日のお歳暮は、一年の締めくくりとして感謝を示す社交儀礼という意味合いが強いが、そのルーツは、ご先祖の供養にあったのだ。こうしてお中元と同じく食品に限らず、ありとあらゆるものが贈られるようになった。

## 41

# 「おみくじを神社の境内の木に結ぶ」

### 「吉」が出たら、「凶」が出たら

初詣《はつもうで》に行けば、「今年はどんな年になるかな」と期待を込めておみくじを引くものだ。その結果に一喜一憂するのも楽しみのひとつである。

とくに悪い結果が出た場合には、おみくじの紙片を折り畳み、境内《けいだい》の木の枝に結びつけて帰るのがよいといわれてきた。これは江戸時代から長く続いている風習で、**結ぶことで凶が転じて厄払いできると考えられてきた**からだ。

吉が出たときでも、さらなる神の加護を願って、木に結んで帰る人もいたらしい。神様との縁をしっかりと結びたいという気持ちのあらわれだろう。

もっとも今ではそうはいかない。境内のありとあらゆる木の枝におみくじがびっしりと結ばれてしまっては、木が傷《いた》んでしまうので、おみくじ専用の「結び所《どころ》」を設けているところが多い。

おみくじの起源をたどると古代の占いに行き着く。当初は「自分がツイているかどうか」などと個人の運勢を見るのではなく、まつりごと（政治）や人事、農作物の作柄《さくがら》など国の重要事について神意をうかがおうとした。よく知られているのが、亀の甲羅《こうら》や動物の骨を焼き、そのひび割れ方で吉凶を占う方法だ。

今のようなおみくじが誕生したのは、平安時代のこと。天台宗の僧・元三大師《がんざんだいし》が人の運勢、吉凶を五言四句《ごごんしく》の漢詩であらわす形式を考案した。百種類の漢詩を当てたことから「元三大師百籤《ひゃくせん》」と呼ばれ、やがて天台宗に限らずほかの宗派のお寺、神社にまで広がって発展した。さらに江戸時代になると、現在に近い形になる。天台宗の僧・天海《てんかい》が元三大師百籤に改良を加えた。筒を振って出てきた竹串の一から百までの番号を見て、その番号の割り当てられた小さな紙片を受け取る方式となり、それが庶民の間で人気となった。

凶が出ると、思わず引き直したくなるものだが、古代中国の経典《きょうてん》『易経《えききょう》』には「二度も神に尋ねるのはよくない、穢れる」と書かれており、してはならないこととされている。吉凶は交互に訪れるため、凶が出ても次には吉が来ると考えれば、決して不吉なことではないという。ただそうはいわれても気になるのも事実。欲を出してなんとか吉を出そうと引き直してしまうのが人の性《さが》である。

# 42

# 「招き猫を置くと福を招く」

## 招く手は右なのか、左なのか

招き猫といえば言わずと知れた商売繁盛、千客万来《せんきゃくばんらい》の縁起物。近ごろは昔ながらの姿かたちにこだわらず、派手な色柄や自由に表現されたアート作品のような姿まである。商売と関係なく、自宅に飾ったり、集めたりする人も増えているようだ。

ひと言で招き猫といっても、右手を上げている猫と左手を上げている猫がいる。一般的に、**右手で招いている招き猫はお金を招いて商売繁盛につながり、左手なら客を招いて千客万来**といわれる。昼の商売は右手、夜の商売は左手を上げているものがよいとする説もある。

なかには両手を上げた招き猫を見かけることがある。なにもかも招き入れようという意図だろうが、これは「お手上げ」を連想させ、縁起が悪いといわれる。人間、やはり欲ばってはならないようだ。

この招き猫のルーツがどこにあるのかは、諸説あり定かでない。

古いものは、九世紀の中国にまでさかのぼる。

唐の時代の随筆集『酉陽雑俎《ゆうようざつそ》』に、「猫が顔を洗うとき、耳のうしろまで手がいくと客が来る」という一文があり、これを参考に手をこまねくようにした猫の像が作られたらしい。

猫が福を招く動物と見なされた由来についても、ある和尚《おしょう》が病に倒れたときに猫が卵を持ってきたからとか、魚屋が臥《ふ》せっていると猫が小判をくわえてきたからなど、さまざまだ。

最近では、**東京都世田谷区の豪徳寺《ごうとくじ》を招き猫の発祥地**とする説がよく知られている。

江戸時代のはじめ、彦根藩主の井伊直孝《いいなおたか》が江戸藩邸に暮らしていたとき、鷹狩りの帰りにこの寺の前を通りかかると猫がいて、その猫に招かれるように寺に入り休憩することにした。

すると突然の雷雨となり、難を逃れて住職の法話も聞けたと直孝は大変喜んだ。そこで、寺を立派に改築し、井伊家の江戸の菩提寺《ぼだいじ》としたという。

その猫は住職の愛猫《あいびょう》で、死後には手厚く弔《とむら》った。寺には招福堂が建てられ、縁起のよい猫の像「招福猫児《まねぎねこ》」が作られるようになったという。

よく目にする一般的な招き猫のデザインは、右手を上げていれば、左手に小判を抱えているものだが、豪徳寺の招き猫は小判を抱えていない。なぜかというと、これは武家ゆかりの招き猫であるため、金銭への執着をよしとしないからだとされている。

ほかにも、招き猫の発祥は江戸時代はじめの吉原遊郭《よしわらゆうかく》だったとする説がある。

主人公は三浦屋の遊女・薄雲《うすぐも》。

抜群の人気で最高位の太夫《たゆう》に上《のぼ》りつめた薄雲は、花魁道中《おいらんどうちゅう》に抱いて出るほど愛猫をかわいがっていた。ところが、トイレに入ろうとした薄雲の裾《すそ》にまとわりついているところを、気の短い遊郭の主が「魔性《ましょう》をあらわした」と首をはねてしまった。

嘆き悲しむ薄雲をなぐさめようと、ひいきの客が高価な伽羅《きやら》の香木で猫を作って贈ったところ、それを大事にし、花魁道中にも抱いて練り歩いた。それが評判となり、模造品が広まったのが始まりとする話だ。

芸者の異名を「ネコ」ということもあって、招き猫と花街《かがい》は関係が深く、縁起かつぎに用いられてきたのだ。

さらに、江戸時代に浅草で駄菓子屋を営《いとな》んでいた老女の話もある。

商いに行き詰まったある老女が、店をたたもうとしていたところ、夢枕に老いた猫があらわれ、「この形の猫を作れば福がつく」と教えてくれた。さっそく今戸焼《いまどやき》の窯元《かまもと》に頼んで、その通りに作ってもらい、浅草観音のそばで売ってみたところ、大変な人気となり、財をなしたという。

実際に、江戸時代に流行した招き猫は、「今戸焼」という浅草の焼き物だった。

古くからさまざまな招き猫が作られ、それにまつわるエピソードがふくらみ、それぞれに語り継がれてきたようだ。

**43**

# 「厄年には厄払いをする」

## 「なんだか気にかかる」には理由がある

日ごろ「迷信など信じない」という人に限って、意外と厄年は気にするらしい。厄年を理由に「マイホーム購入はやめておく」「転職の話が来たが断った」などという話まで耳にする。災いが降りかかるかもしれないと気を引き締め、慎重に行動する年となるわけだ。

厄年の由来は諸説ある。一説では起源をたどると**古代中国の陰陽五行説に行き着くといい、運気の状態が悪い年ゆえ、用心して慎重にすごすようにと**戒めている。日本では平安時代にはすでに定着していたと見られる。

ただ、何歳を厄年とするかは、時代によって変遷《へんせん》をとげてきており、地方による違いもある。

古代から長く伝えられていた厄年は、男女とも数えで十三歳、二十五歳、三十七歳、四十九歳、六十一歳、七十三歳。つまり自分の干支に当たる年で、年男、年女は厄年ということになる。**干支の気が強くなりすぎ、調和が崩れて災いを招きやすい**とされたようだ。

ほかにも、年齢の一ケタの位が男性なら二、五、八、女性なら三、七、九がすべて厄年とする考え方もある。

現在では、一般的に男性の厄年は二十五歳、四十二歳、六十一歳、女性は十九歳、三十三歳、三十七歳とされることが多い。

とくに大厄《たいやく》とされるのが、男性の四十二歳、女性の三十三歳で、これは「しに（死に）年」「さんざん（散々）」につながるから。女性の十九歳も「じゅうく（重苦）」なので気をつけるべきとされている。

むろん「単なる語呂合わせにすぎない」と切り捨てる見方もあるが、古来、多くの人たちが信じてきたことに、それなりの意味を見出す人もいる。肉体的な節目の時期、また家庭や仕事などライフステージの転機となる時期と考えられるからだ。

一方では、厄年は本来「役年」であって、ハレ（特別な日）の年齢だったとする説がある。これは神事で大切な役を担《にな》う年である。

日本の神様は穢れを忌み嫌うので、神社の祭祀、運営に関与する役目を担う人は、その期間は精進潔斎《しょうじんけっさい》しなくてはいけなかった。肉食をせず、行ないを正し、身を清める行動が転じて、行ないを慎《つつし》む年になったという説である。

起源はどうあれ、古くから人々は厄年の難を逃《のが》れようとして、さまざまな風習を生み出した。

たとえば、「厄年の人が餅をまく」風習。これは餅をまいて、たくさんの人に拾ってもらうことで、災厄を分散するというおまじないである。

生まれ年が厄年とする考え方では、年男が節分のときに豆をまくのも、災いを分散させるため。喜んで拾った人は災厄を受け取ることになるが、それは小さく問題ないとされた。

また、古来、厄年の人々は、氏神《うじがみ》様や厄払いのご利益《りやく》があるといわれる神社仏閣にお参りした。面白いのが、**その帰りに身につけたものを落として厄落としをする**というしきたりである。櫛《くし》や手ぬぐい、お金などを落として帰るのである。

とくに櫛は「苦死」に通じるため、厄落としによく用いられた。

# 4章 この「タブー」は、どこから生まれたのか？

# 44

## 「火遊びをするとおねしょをする」

昔版「ダメ。ゼッタイ。」の脅し文句

子どもなら火に興味を持つのは今も昔も変わらない。好奇心から火をつけてみたくなるのだが、子どものやることだから火事の原因になることも多かった。

今のように耐火建材や消火設備などが進歩していない時代には、**子どもの火遊びをやめさせようと大人は気をもんだ**ものだ。

近年の火事の原因を見てみると、上位に並ぶのは、タバコ、焚き火、ガスコンロ。いずれも火をつけたまま放置し、きちんと消さないことから出火したものと見られる。禁煙の流れのなか喫煙者は減り、ライターもマッチも子どもの手に届くことは少なくなった。また最近は、焚き火を目の当《ま》たり《あ》にしたこともない子どもいる。とくに都市部に暮らす子どものなかには、家がオール電化で台所のガスコンロの火を見たこともない子もいるという。

それなら「火遊びをするとおねしょをする」と、火遊びのタブーを教える必要もなさそうなものだが、日ごろから「火は危ない」と言い聞かされる機会がないだけに、怖さを知らず、好奇心が勝って火をつけてしまうとも限らない。

しかしなぜ、「おねしょ」なのか。

これは子どもにとって何より恥ずかしく、自尊心が傷つくからだろうと考えられる。濡れたふとんを外に干せば、周囲の人にも知れわたることになる。「そんなことをすると、おねしょをする」という脅《おど》し文句は、子どもにとっては効き目があるというわけだ。

また、「火事といえば水で消す、水といえばおしっこ」という連想から、この言い伝えが生まれたという解釈もある。子どもが火遊びをしているところを見つけた親は、こんなふうに言い聞かせるのだ。

「火遊びなんかしていると、夜、おふとんに入ってから火事の夢を見るよ。すると火事だから早く火を消さなきゃって思うでしょ。そしておしっこをしちゃうんだよ。ハッとして目覚めると、もうぐっしょり」

火遊びすると恥ずかしい目に遭うと、幼い心に刻ませる言い伝えである。

# 45 「ミミズに小便をかけるとオチンチンが腫れる」

消毒もしない手でそんなところを……

子どもたちが野山を駆け回っていた時代には、親や周囲の大人たちは「ミミズに小便をかけるとオチンチンが腫《は》れる」といって聞かせた。

もちろん、おとなしく言うことを聞く子ばかりではない。やんちゃな子は「そんなバカなことはない」とばかりに、実際に試してみようとミミズを探しにかかったものだ。

都会育ちで土に触れる機会がほとんどなかった人には、ミミズとペニスになんの関係があるのかと不可解に思うだろう。

ところが、「本当に腫れた」という体験談も伝わっている。あまりにひどく腫れあがって、医者に診てもらったという逸話もあるようだ。

これは、ミミズの棲息《せいそく》する環境に理由があるからかもしれない。ミミズがいるのは田畑の土のなか。子どもたちがミミズと遭遇するのは泥まみれになって遊んでいるときである。手が泥まみれであるのもかまわず、オチンチンをにぎり、ミミズに小便をかけようと、狙いを定める状況を想像してほしい。汚れた手で触ることで、オチンチンからばい菌が入る可能性がある。

つまり、**ミミズとは直接関係なく、衛生面からの戒めだった**と解釈できる。「汚い手で大切なところを触ってはいけない」ということを、ミミズを引き合いに出して子どもに教えたわけだ。

似た言い回しに「ミミズに小便をかけると男根《だんこん》が曲がる」があるが、これも同じ意味合いだと思われる。なお、ミミズとオチンチンが結びついたのは、両者の形状が似ているからとする説もある。

今どきの都会育ちの人のなかには、「土は汚いから触りたくない」「ミミズは気持ち悪い」という人も多い。田畑で採れた作物を食べていても、その作物を育《はぐ》む土壌の重要性には思い至らないものだ。

かつて**ミミズは田畑の神**と崇《あが》められた。地中をはって土を耕し、田畑の土をよくしてくれる、ありがたい存在と信じられてきた。ミミズがいるのは、よい土壌の証だったのである。

科学的にも、ミミズが土を食べることで土壌改良できることがわかっている。有機物を分解して粒状の糞《ふん》になり、植物の根がはりやすくなり、よく育つ。都会でも環境を考え、生ごみのコンポスターにミミズを入れて堆肥《たいひ》づくりをする手法がある。さらに、ミミズは煎《せん》じて飲むと、発熱、腹痛、下痢、歯痛、痔、おねしょにも効くといわれていた。民間療法の薬にも使われたのだ。

農家にとっていかにミミズが大切な存在かわかるだろう。**作柄をよくする働きに感謝し、神様のように敬意を抱いて接していた**わけだ。「ミミズに小便をかけるとオチンチンが腫れる」という言い伝えも、そんなミミズに不埒《ふらち》な行為をするなどとんでもない、と子どもを戒める側面もあったといえよう。事実、「ミミズに小便をかけるとバチがあたる」というストレートな言い方も残っている。

うっかりしてミミズに小便がかかってしまったら「ごめんなさい」と謝り、水をかけて洗ってやりなさいと伝える地方もあるというから興味深い。また、立ち小便をするときは「ミミズどけどけ小便かかるぞ」と言う地方もあるらしい。

そこには、いずれもミミズへの敬意が背景にある。

## 46

# 「乳歯が抜けたら上の歯は縁の下に、下の歯は屋根に」

単なる「おまじない」だったのか?

その昔、虫歯になって黒く崩れた「みそっ歯」と呼ばれる状態になった子どもがよくいた。乳歯はどうせ抜けるから、かまわないと誤解している大人も少なくなかったのだ。

最近では、歯が生え始めたころから、きちんと歯磨きをする習慣をつけるようにと指導され、乳歯であっても虫歯にならないように気をつける意識が定着している。

さて、その乳歯が抜けたときの風習が、「上の歯は縁《えん》の下に、下の歯は屋根に」。集合住宅で育った人は経験がないだろうが、乳歯を生えていた向きのほうへ投げるのだ。こうすることで、丈夫な永久歯が生えてくると信じられていた。地域によっては、「下の歯は便所の屋根に」とする言い伝えもあるらしい。

抜けた歯を放り投げるとは、乱暴に聞こえる人もいるかもしれない。だが、このしきたりには**身体から取れたものを大切にする思い**が込められている。大切だからこそ、無限に広がる空間へ送り出すという考えに基づいている。

だから、役目を終えた乳歯に感謝しつつ、丈夫な永久歯への願いを込めた呪文《じゅもん》を唱える場合がある。

内容は地方によりさまざまで、単純に「丈夫な歯になーれ」というところもあれば、「ネズミの歯と替えておくれ」「鬼の歯と替えてください」などという言い方もある。

ネズミや鬼が出てくるのは、丈夫な歯を持っているからにほかならない。屋根も縁の下もネズミが盛んに活動する場所であり、柱までかじられることもある。鬼もまた岩をも砕く頑丈な歯を持つと信じられていた。

同じような発想は、世界各地に見られる。南太平洋のラロトンガでは、乳歯が抜けると、「大ネズミ、子ネズミ、私の古い歯をあげよう、どうか新しいのをおくれ」と言って草葺《ぶ》きの屋根に投げる風習がある。

一方、ドイツでは、ネズミの穴に乳歯を入れたり、「おまえの歯をおくれ」と言いながら頭越しに後ろに投げたりする。

最近では、日本でも集合住宅が多いので、欧米の「歯の妖精」の言い伝えにならうことも増えているようだ。

乳歯が抜けたら、それを小さな入れ物などに入れ、子どもの枕元に置いて寝る。すると眠っている間に妖精が歯を持ち去り、代わりにコインや贈りものを置いていくというもの。もちろん、実際は親が歯をコインなどと交換し、乳歯は大事に取っておくことが多いようだ。

# 47 「夜、爪を切ると親の死に目に会えない」

爪には霊魂が宿っている!?

昔からの言い伝えをよく知らない人も「夜、爪を切ると親の死に目に会えない」というのは、聞き覚えがあるのではなかろうか。

ただ、忙しい日々を送っている現代人にとって、昼間に悠長《ゆうちょう》に爪を切っているヒマなどない。「夜がダメなら、いつ切るんだ?」と、ツッコミのひとつでも入れたくなるはず。

昔の人は、夜に爪を切ることは不吉であり、縁起が悪いと考えたのである。そのたとえが「親の死に目に会えない」である。

ほかに、「火事になる」「病人が出る」「狐《きつね》に化かされる」などのバリエーションがあるようだが、いずれにしても不幸や禍がふりかかることになる。

なぜ夜ではダメなのかというと、ひとつには**暗くて危ないから**だとされる。はっきり見えないなかで爪を切れば、深爪《ふかづめ》したり、ケガをしたりしかねない。夜になれば電灯で煌々《こうこう》と照る今日とはちがい、以前は、小皿に油を入れて浸《ひた》した芯に火をつけるか、ロウソクを灯すしかなかった。しかも、いずれも高価だった。

必要に迫られて手元を照らすことはあっても、そう明るくはない。明るい昼間に切ればすむ話で、わざわざ火を灯して切るのはムダでしかなかったわけだ。

また、儒教の教えが影響しているとする考えもある。親からもらった大事な身体に傷をつけるのは親不孝であるという教えから、夜間の爪切りはケガをするおそれがあるので避けよという戒めである。

さらに、爪も人の体の一部であり、霊魂が宿っているから大事にすべきという信仰からの指摘もある。**夜は陰気《いんき》がこもり、幽鬼《ゆうき》が動き回るので、爪を切ったりすると幽鬼を刺激し、禍を招いてしまう**というのだ。

なお、囲炉裏端《いろりばた》での爪切りもタブーとされた。

今どきの考え方なら、灰と一緒に処分できて便利だと思うかもしれない。しかし、火の中に飛んだ爪は燃えて独特の臭いを発する。昔の人はそれで火葬場の臭いを連想し、縁起が悪いと嫌がったのである。

# 48 「赤飯にお茶やお湯、汁をかけてはいけない」

## 「ケ」と「ハレ」を一緒にしてしまうと……

古来、日本では、ふだんの日は「ケ」であり、祝いや祭りといった特別な日は「ハレ」とされてきた。祝い事に着る「晴れ着」という呼び方も、これが由来である。昔の人は、この**「ケ」と「ハレ」をはっきり分けるべきと考え、それを混同するような行為をひどく嫌った。**

赤飯は、お茶であれお湯であれ、水分を足して食べてはいけないと戒められるのも、それはケの食べ方であり、ふさわしくなかったからだ。

昔、農家の人は朝起きると、前日に炊いたご飯の残りにお茶をかけてかきこんで出かけるのがふつうだった。今でも、残りご飯をお茶漬けにしてしまうのは、手早く食事をすませるひとつの方法だろう。

一方の赤飯はというと、お祝いのときに炊くハレの日の代表的な食べ物。もともとは神様にお供えしたあと、皆で分けて食べる風習だった。当然ながら大切に扱わなければならず、たとえ翌日でも残飯のような扱いは許されなかったのだ。

それが「赤飯にお茶やお湯、汁をかけてはいけない」という言い伝えに残っているわけだ。

ほかにも「赤飯にお湯やお茶をかけると結婚式に雨が降る」とするバージョンがある。赤飯にじゃぶじゃぶとお茶などをかけ、すっかり浸された状態にすることで、「晴れ」の日に雨が降るイメージに結びついたようだ。

歴史をさかのぼると、日本で米作が始まる前は、アワやヒエを煮て粥《かゆ》にして食べていた。その流れからか、米の栽培が始まっても今のように炊くという調理法ではなく、煮て粥にして食べていた。そこに中国から蒸し器である甑《こしき》が伝わり、蒸すという調理法が加わった。この蒸す調理法は、煮た米よりも食感が硬かったので「強飯《こわいい》」と呼ばれた。この「強《こわ》」に「お」をつけたのが「おこわ」で、おもにもち米が使われるようになり、今に続いているのだ。

「おこわ」のなかでも、吉事《きちじ》に小豆《あずき》を入れて赤く染めて炊いたのが赤飯である。その理由としては、赤に厄除けの力があるからだとも、古代の米が赤米《あかごめ》だった名残りであるともいわれている。

49

# 「畳の縁を踏んではいけない」

うっかり踏んだらどうなるか

最近はフローリングの部屋しかないマンションや戸建ても多いので、「畳の縁《へり》」といっても通じない若者もいるようだ。「縁《ふち》に色づいた部分」と説明して理解されることも多い。

和室の広さは四畳《よじょう》半《はん》、六畳、八畳などと敷き詰める畳の数であらわされるが、その昔、畳一畳は人ひとりの生活スペースとされていた。

もちろん、すべての生活を一畳のなかで行なうという話ではなく、一畳あれば、座ったり、寝たりするには事《こと》足りる、そういう意味である。

今日見られるような厚みのある畳を部屋に敷き詰めた〝座敷〟ができたのは、書院造《しょいんづくり》が登場した室町時代のこと。それ以前にも、奈良時代から畳は使われていたが、ムシロやゴザのような薄いものだった。部屋に座るとき、寝るときに敷いて使い、それ以外のときは畳んで隅に重ねて置いていた。畳んでおくから「タタミ」だったわけだ。その薄い畳を広げた範囲が、その人のスペースだった。やがて詰め物をして厚みをもたせ、快適性を高めた今日のような畳が誕生し、もはや畳んでおくことはできなくなった。

「畳の縁を踏んではいけない」とは、人ひとりの最低限の生活スペースを守るための言い伝えである。**個人の領域である一畳をほかと隔《へだ》てる境界が畳の縁であり、そこは守るべき境界**。人の陣地に踏みこめば、すなわちそれは攻撃の意思をあらわしていることになる。だから縁を踏むことは、個人の領域を侵《おか》す行為ととらえられ、禁じられたわけだ。

室町時代には畳の縁布《へりぬの》に家紋を入れることなどもあり、重要な境界として意識されていたことをうかがわせる。

また、床下に隠れている忍者がいたら、畳と畳の隙《すき》間から槍《やり》や刀を突き上げて襲ってくるかもしれないから、縁を踏むのは危険だという説明もある。ただ、これは子どものしつけのために忍者を用いただけで、本来は境界線を大切にするよう教えこむ目的だったと考えられるだろう。

畳は日本ならではの文化である。畳の縁の意味くらいは知っておきたいものだ。

## 50 「着物を左前に着てはいけない」

### 「あの世」と「この世」を区別せよ

洋服が当たり前の今日、温泉などで浴衣《ゆかた》を着る機会があると、「どっちの衿《えり》を上にするんだっけ?」と迷うことがないだろうか。

友人との旅行なら笑い話ですむが、これが親戚や親友の結婚式に出席するときの着物では笑い話ではすまされない。「左前《ひだりまえ》だなんて縁起でもない」「せっかくのお祝いに不吉なことを」と、周囲からヒンシュクを買うだろう。

浴衣も着物も和装はすべて右前に着るのがしきたり。洋装では前身頃《まえみごろ》の合わせ方が男女で異なり、紳士服のジャケットではボタンが右身頃、婦人服では左身頃についている。

しかし、和装の場合は、男女の別はなく、すべて右前が基本。

そうはいっても、今の感覚では「右前」の正しい意味がわからず、結果、左前に着てしまいかねない。「右前だから右身頃が前に来るようにすればよい」と考えている人もいるようだ。

右前とは、左衿が上側に来るように着ること。言い換えると、右が手前、つまり肌に近い側に来るから「右前」である。「先（前）に身体に合わせるのが右身頃で、左身頃は後から」と順番をあらわしていると覚えなさいともいわれる。

では、なぜ左前がタブーになるのか。


**左前は、死者に着せる着せ方**である。

最近では故人の好きだった服装で送り出すことが一般化したため、白い死装束《しにしょうぞく》の着物をまとった姿を見る機会も少なくなっている。

だからこそ、ますます左前をイメージしにくいのだろう。

生きている人と亡くなった人を明確に区別するために、死者に着せる経帷子《きょうかたびら》（仏式のお葬式で故人が身につける着物）は左前に着せるしきたりがあった。生き返るのを防ぐ目的もあったという。

日本で着物を右前に着るようになったのは、八世紀のはじめからと伝えられるから歴史は長い。

奈良時代の女帝である元正《げんしょう》天皇により、「初メテ天下ノ百姓ヲシテ襟《えり》ヲ右ニ令《せし》ム」との詔勅《しょうちょく》が出されたと『続日本紀《しょくにほんぎ》』に記されている。

ここでいう「百姓」はすべての国民のこと。それまで日本では右前でも左前でも好きなように着物を着ていたのだが、中国では異なり、右前を礼儀としていた。このため、中国から来た使者が日本では左前の多いことに驚き、礼に反すると指摘し、天皇が右前に着るようにと命じたという。

それ以降、左前に着物を着せられるのは死者だけになり、生死の境界をあらわすものとなっていった。ゆえに和装で左前に着ることは、死者を連想させ、縁起が悪いと忌み嫌われたのである。

右前に着ることは合理的でもある。右利きの人はすっと懐《ふところ》に手を入れられるから、しまっておいた財布や懐紙《かいし》を取り出しやすい。

また、商売や金回りがうまくいかなくなることを「左前になる」というが、これも左前は陰であり、凶の着方という考えからだ。そこには、**右前は陽、左前は陰ととらえられていた**ことが背景にある。

## 51 「ズボンは左足からはく」

なぜこれが「武士の心得」なんだ!?

毎朝、起きて着替えるとき、世の男性はズボンをどちらの足からはくだろうか。「自分は左足からはいている」という人は、武士の心得を受け継いでいるのかもしれない……。

この「ズボンは左足からはく」という言い伝えは、**武家礼法の基本となる護身に由来**している。

もちろん当時、はいたのはズボンではなく袴である。武家では「袴は右足からはいてはならない。左足からはくものである」と教えられていた。

その理由は、武士たるものは、いつ、いかなるときも攻撃に備え、身を守れるようでなければならないからだ。

そのために、すばやく刀を抜けるように右手を使える状態にしておき、踏みこみ足である右側を自由にしておく必要があった。

だから、袴に通す足は左が先だった。たとえ左足を袴に通しているときに襲われても、右手で刀を抜き、右足を踏み出して応戦できるからだ。

武士の礼装である裃《かみしも》を身につける際も、肩衣《かたぎぬ》をかけるのは左肩からと決まっていた。

羽織を着るときも、左腕から袖を通していたのだ。

着替えに限らず、何かの動作に移ろうとするとき、その瞬間にスキが生じるもの。敵はそこを狙ってくるので、つけいるスキができないよう一挙手一投足《いっきょしゅいっとうそく》に気をくばっていたのである。

明治維新で洋装が西洋から入り、男性が袴でなくズボンをはくようになると、「ズボンは左足から」という言葉に切り替わっていった。

洋装のマナーに、どちらからはくべきという決まりはないものの、昔のしきたりをそのまま受け継いだのである。文明開化も武家礼法を完全に封じるには至らなかったようだ。

**右をいつでも自由に動かせるようにしておく作法は、酒を飲むときにも見られ**

る。「酒は右手で飲むべからず」「男は左手に盃を持つ」という言い伝えがある。

もちろん、左手で盃を、右手に箸《はし》を持てということではない。

酒を飲んでいるときでさえ、襲われたら右手ですぐ刀を抜けるようにしておけという戒めである。右手で箸を持つことはあっても、盃は左手にまかせろというわけだ。

ただし、これは仕官する武士たちの宴などではなく、浪人が居酒屋で独酌《どくしゃく》するようになった江戸時代からの話ともいわれている。浪人の身では、飲んでいるときも気はゆるめることはできなかったためだろう。

酒好きの人や酒に強い人を指す「左党《さとう》」「左利き」という表現があるが、それも左手で盃を持つことに由来しているのではないかと唱える人がいる。

ただ有力なのは、金鉱などの鉱山で働くとき、右手には槌《つち》、左手に鑿《のみ》を持ったことを語源とする説。

鑿を持つ左手を「のみ手」と呼び、「飲み手」とかけて生まれたのではないかとされている。

# 52

## 「贈り物に偶数はいけない」

### 割り切れていいこと、いけないこと

古くから「贈り物に偶数はいけない」といわれ、お金を贈るときは金額を奇数にするのがしきたりとされてきた。

この場合、偶数、奇数というのは頭に来る数字である。一万円は整数としては偶数だが、頭の一だけを見て奇数と見なされる。

とくに結婚をはじめとする祝い事には、一、三、五、七など奇数を用いるものとされてきた。友人の結婚祝いにお金を包むときなど、「一万円では少ないかもしれないけれど、でも三万円はちょっときつい」と悩んだ経験のある人が多いだろう。

**贈る相手との関係、距離の近さ、年齢別の相場とともに偶数、奇数を気にしなければいけない**のが、日本のしきたりである。

ただ最近では、さほど厳格でもなくなってきている。たしかに若くて収入が限

られる人にとって、一万円の次が三万円ではつらいものがある。だから二万円でもＯＫとしながらも、その場合は、一万円札を一枚、五千円札を二枚用意する。金額は二万円だが、紙幣の枚数を三枚にして奇数にするというわけだ。

また、特別なお祝いなどでは十万円を包むことも多く、偶数であっても避けられることはなくなっている。むしろ奇数がいいからと九万円にしては、「苦」につながると、それこそ嫌がられるだろう。

結納の品目の数なども奇数が用いられた。戦前の正式な結納では、白綾《あや》、紅綾、白綸子《りんず》、赤綸子、黒綸子、白羽《は》二重《ぶたえ》などの反物《たんもの》を七種か五種、三つ重ねにして贈っていた。

一方、不祝儀でも、やはり奇数が使われる。

なぜ偶数はいけないといわれるのか。

ひとつの理由としては、**割り切れる数字から「割れる」という連想がはたらき、その縁起の悪さを避けるようになった**のではないかといわれている。また、古代中国の陰陽思想に基づく易《えき》でも、奇数は陽数、偶数は陰数とされ、陰ではなく陽の数が好まれるとする解釈もある。

# 53

# 「鬼門に便所を作るな」

## 現代の「高機能トイレ」ならどうなのか

鬼門《きもん》という言葉は、日常にも浸透している。「あの会場は私の鬼門だ」「あそこの部長はわが社にとっては鬼門」など、悪いことが起こる場所や、マイナスに働く事柄、人などをあらわす際に使われる。

本来、鬼門とは東北の方角をいう。古くから不吉な方角とされてきた。反対に当たる西南の方角は裏鬼門といわれ、やはり忌み嫌われる。

「鬼門に便所を作るな」との戒めは、何が理由なのか。

そこには、現代人でも納得する根拠がある。

家の敷地のなかでも東北にあたる場所は、あまり日が当たらず、ジメジメとして湿気がこもりがち。現代の高機能トイレであればなんの問題もないだろうが、昔の汲み取り式の便所となるとそうはいかない。不衛生な場所となるのは否《いな》めないだろう。だから、風呂場を鬼門に作るのもよくないとされた。

つまり、**水を使う場所は、湿気を避け、乾燥しやすい場所を選べ**という昔ながらの経験から生まれた言い伝えだと考えられる。

ほかにも、「鬼門の方角への転居は禁物」「鬼門の方向にある家の者と縁組みしてはならない」「鬼門の方角にある木を伐《き》ると、祟《たた》りがある」など、鬼門に関するタブーは数限りなく存在している。むろん、すべてに根拠があるとはいえず、なかには迷信の類も多い。

鬼門の起源ははっきりしないが、古代中国の地理書『山海経《せんがいきょう》』に鬼門についての記述が出てくる。

それによると中国の東方、数万里も行った海のなかに度朔《どさく》と呼ばれる山があり、その頂上には三千里も枝を伸ばした桃の大樹があって、東北に伸びた枝の下から鬼が出入りしているというのだ。

日本では、中国の陰陽五行説をもとに独自の発展を遂げた陰陽道《おんみょうどう》が始まりとされる。それによれば鬼門は邪悪な鬼が出入りするところとされた。そこから鬼門は忌み嫌う方角として、全国に波及、定着したと考えられている。

# 54

# 「枕を踏むと頭痛持ちになる」

「枕投げ」をしていたかつての中高生たちへ

かつて修学旅行の夜といえば、みんなで枕を投げ合って大騒ぎするのが定番だった。見回りにきた先生に怒られても、姿が見えなくなれば再開し、夜遅くまではしゃいだものだ。

先生は「早く寝ろ」と叱っていたが、同じ状況を昔の人が見たらまったく違う叱り方をしたにちがいない。

「枕を踏むと頭痛持ちになる」という戒めの言い伝えが生まれたのは、古来、日本人は枕を大切にしてきた背景がある。枕をまたぐのも当然、タブーとされた。似た言い伝えに「枕を投げると頭痛がする」もある。

だから、修学旅行で遊び道具のように投げ合うなど、昔の人には唖然《あぜん》とした光景として映ったにちがいない。

今や枕を特別なものとしてとらえる意識は、あまりない。クッションと同じ感覚で扱い、寝る前には腰や背中に当てて読書する人も多い。座布団と同じようにお尻をのせて座ることに抵抗がない人もいるだろう。

昔の人が枕を特別なものと考え、ていねいに扱うようにと戒めたのは、大事な頭に当てるものだからだ。その頭をのせて眠る枕を粗末にすることは、頭を粗末にすることと同じになるととらえたのである。

なんといっても、夜、枕に頭をのせると、その人の魂は肉体から離れて枕に宿ると考えられていた。たしかに枕の語源をひも解けば、魂が宿る入れ物というところから「魂蔵《たまくら》」が、有力な説のひとつとされている。

そう考えていくと、枕がいかに特別な存在かわかる。その人が亡きあとも枕に魂が宿るという考え方もあり、漁船が遭難して遺体が発見されない場合、故人の枕を代わりに埋葬する地域もある。

また、各地に残る伝説には、「神様が夢枕に立って、こうすればよいと教えてくれた」という筋書きがよく出てくる。**夢に出てきてお告《つ》げをする神様は、その名も「枕神《まくらがみ》」といって、進むべき道を示してくれる大変ありがたい神様**だった。朝、スッキリと目覚められるのも、枕神のおかげと信じられていたのである。

# 55 「柿の木から落ちると三年後に死ぬ」

なぜズバリ「三年後」？

古い住宅地では、今も庭に柿の木がある家が見られるが、時をさかのぼれば日本全国、柿の木はどこにでもあった。農村部でも都市部でも暮らしに密着した存在であり、秋になり実が色づき始めると、お腹をすかせた子どもたちに狙われる存在だった。

都会に暮らす今の子は、ほとんど木登りした経験がないだろうが、昔の子どもたちにとって木登りは日常の遊びの一環だった。おいしそうな果実を見つければ、するすると登って、自分の口に入れたものである。

ところが**柿の木は、見た目よりも折れやすい**。弾力性に欠けるため、太い枝であっても折れやすい特徴がある。

しかも、実をたくさんつけているとなると、それだけ負荷がかかっている。だから子どもの体重がさらにかかるようなことになれば、あっけなく折れてしまうのだ。

「柿の木から落ちると三年後に死ぬ」という言い伝えは、その**危険性を子どもに言い聞かせる**ためのもの。

ふつうに「柿の木には登るな」というだけでは、やんちゃな子が守るとは思えない。だから、脅し文句で戒めたのだ。ほかにも「柿の木から落ちると不幸がある」「柿の木から落ちてケガをすると治らぬ」など、バリエーションがあるようだ。

「柿の木から落ちたら死ぬ」ではなく、「三年後に」としたことに、何か根拠があるわけではない。この年数に大きな意味はないと見られる。

実際に、落ちてなんともなければ、戒めの効果はなくなってしまう。それよりも、いつか大変なことになる、取り返しのつかないことが待っているというニュアンスを込めたほうが、戒めの効果が期待できると考えたのだろう。

事実、「三年後に」ではなく、「数年のうちに」「八年の間に」というバリエーションもあるようだ。

# 56 「元日に掃除をしてはいけない」

## 「福の神」を追い出すな

毎年、暮れも押し迫ってくるころになると、家庭でも職場でも整理整頓することが山積みになるのが世の常。気持ちよく新しい年を迎えようと片づけ始めても、なかなか準備万端とまではいかないことも多い。

そんなとき、「まあ、正月は休みだから、やり残したところは元日にきれいにしよう」などと考えると、日本古来のタブーに触れることになる。昔から「元日に掃除をしてはいけない」と戒められている。

それはどうしてか。

**元日には福の神が家に舞いこむと信じられてきた**からである。昔の掃除といえば、ほうきを使った掃《は》き掃除。ホコリを掃き出すつもりでも、せっかく我が家に福をもたらしてくれる神様を一緒に掃き出してしまいかねないというわけだ。

この元日に訪れる福の神を大切に迎えようとするしきたりは、商売繁盛を願って縁起にこだわる商家ではとくに守られてきた。江戸時代には、福の神を逃してはなるものかと、掃除をしないどころか一日中、雨戸を締め切って閉じこもっていた商家も多かったと伝えられる。

新年の事始めは、二日以降と決まっていた。掃除の「掃き初《ぞ》め」も二日。年が明けると、旧年中の災いは清算され、神様が来臨《らいりん》する。元日はたとえ拭きそびれた床や窓があってもいったん忘れ、家族で年の初めを祝い、幸多い一年となるように祈ってすごすべきなのだ。

元日にタブーとされるのは掃除だけではない。何につけ、せっせと働くのは年末まで。元日から働けば悪い結果を招くと考えられていた。

たとえば、「元日に料理をしてはいけない」という言い伝え。お正月におせち料理を食べることは、縁起をかついでいると同時に、台所仕事をしなくてすむようにという意味もある。

そして料理だけでなく、皿洗いも、洗濯も避けられた。「元日にはなるべく水に触らない」ともいわれ、水仕事は避けられた。

水を使わないようにするのは、せっかくの福を流してしまうからにほかならない。

元日に水を流すのは、縁起が悪いことだった。だから、「元日に風呂を沸かすと火事になる」「元日に髪の毛を洗ってはいけない」といった言い伝えもある。つまり、入浴も洗髪もNGだったのだ。

当然ながら、畑仕事をするのも、漁に出るのも、商《あきな》いをするのも、すべてタブー。**いつもと変わらぬ日（ケ）ではなく、新年の日（ハレ）だからこそのタブー**である。

そのために十二月から準備を進めておき、晴れて年が明けたらきっちりと休む。農家も商家も武家も変わらず、奉公人も休む習わしだった。

今のような週休二日制や有給休暇制度などない江戸時代、原則として休みになる日は「正月三日、盆二日、節供《せっく》一日、事日《ことひ》中《なか》」くらいしかない。「事日中」の「事」は祭りのことで、祭の日は半日だけ休みだった。

昔の人が、休みをどれだけ楽しみにしていたか、想像にかたくない。

# 57

# 「爪や髪の毛を火にくべてはいけない」

## 「伸び続けるもの」への畏れと憧れ

爪や髪の毛は、皮膚や歯と違って切っても再生する。また、肉体のように腐敗することなく、形状をとどめ続ける。数千年前のミイラや遺骸《いがい》に髪や爪が残っていることは珍しくない。

現代人からすれば大げさだと思うかもしれないが、昔の人は、毛髪や爪が伸び続け、変わらない姿に大いなる力、霊的な力を見て取ったらしい。**髪の毛や爪にその人の霊魂が宿ると信じられ、畏《おそ》れられてきた**と考えられる。

だから、神社に祈願する際に髪を切って奉納したり、船の守護神の船霊《ふなだま》に女性の髪を入れたりもした。形見《かたみ》として残された髪は遺髪《いはつ》として大切に保存されたし、爪も同じように形見とされた。

そう考えれば、「爪や髪の毛を火にくべてはいけない」との戒めにも、納得がいくのではなかろうか。

燃やしたりすれば、魂が焼かれることになる。

昔の人は自分が炎に包まれる光景を想像して、ふるえおののいただろう。自分の魂が宿っていると考えれば、切り落とした髪の毛でも爪の先でも決して燃やそうとは思わないはずだ。

これを逆手にとって、憎い相手の爪や髪の毛を火にくべ、のろいをかける方法もあった。

燃やさないにせよ、有名な丑《うし》の刻《こく》参りでは藁人形のなかに相手の髪の毛を入れ、五寸釘《ごすんくぎ》で打ちつけた。丑の刻といわれる午前二時ごろ、誰にも知られずに神社の境内の木に打ちつけ、七日間くり返すと相手は死に至るといわれたものだ。

爪や髪の毛を燃やすタブーは、臭いとも関係している。爪や毛髪を構成するケラチンというタンパク質は、燃えると悪臭を放つ。

タンパク質が燃える臭いは、人の身体が荼毘《だび》に付《ふ》されるところを連想させる。火葬場の臭いと結びついて、縁起が悪いと嫌がられたのである。

# 58

## 「豊作の年には病気が流行する」

元祖「自粛」のすすめ

人が田畑を耕し、生きる糧《かて》を得るようになって以来、豊作か凶作かは命にかかわる重要な要素だった。長い歴史をふりかえれば、人は**飢饉《ききん》との闘い**だったといっていい。

それだけに、穀物が実る秋を迎え、豊作とわかれば人々は安堵《あんど》し、皆の喜びであったはずだ。

では、「豊作の年には病気が流行する」との言い伝えは、なぜ生まれたのだろうか。

その理由を、ほかの言い伝えから探ってみよう。

ひとつは「日照《ひで》りに不作なし」。むろん極端な日照り続きでは、水不足になり問題だが、作物にとってたっぷりと日光を浴びることは、何より大事だということを意味している。

ほかには「厳冬に凶作なし」という言い伝え。これは、厳しい寒さが豊作には必要という意味ではなく、冬が冬らしい気候なら夏には夏らしい暑さとなり、豊作が期待できるということをあらわしている。

つまり穀物には、めいっぱい日が降り注ぐことが大切で、それには夏の太陽が不可欠だということである。

しかしこの暑さ、人にとってはどうだろうか。

**温度も湿度も高い夏の暑さは、体力を消耗させ、調子を崩す原因になった。また、カビ菌や病原菌も繁殖しやすい環境となり、病気も流行しやすかった。**人の生活には厳しい季節、それが夏だったのである。こうして豊作と病気が結びつき、このような言い伝えが生まれたわけだ。

また一方で、食べすぎはお腹をこわすことになるとする解釈がある。飽食の現在と異なり、日ごろ、粗食《そしょく》の人々が豊富な収穫を前についつい食べすぎてしまうと、身体が受け入れられず、お腹をこわしてしまうことがあった。

豊作だからと手放しで喜んでばかりいないで、自重《じちょう》するようにという昔の人の戒めとも考えられる。

# 59 「ヘビを指差すと指が腐る」

## 「神様のお使い」とされた理由

もし山道を歩いていてヘビの存在に気づいたら、同行者に「ほら、ヘビだ！気をつけて」とヘビを指差し、注意をうながすのは自然な反応だろう。

だが、昔から語り継がれている言い伝えでは、「ヘビを指差すと指が腐る」といわれてきた。

指を差しただけで腐るとは、どういう意味が込められているのか。

ヘビはその独特の姿かたちから不気味な生き物として古来、人々から不吉だと嫌われていた反面、そこに特別な力、霊力を見る向きがあった。

**ヘビを神聖な動物としてとらえ、バチ当たりなふるまいは許されない**とする考え方があったのだ。それゆえ、ヘビに向かって指を突き出すような不遜《ふそん》な行為をすれば、ヘビを怒らせ、差した指に異常が起こると戒めたのである。

ヘビを「神様のお使い」として祀る地方もある。山の神、野の神、水の神などの使者として、信仰の対象となった。日本ではお狐様、犬神様のようにさまざまな動物も神様として信仰されてきたことを考えれば、ヘビがそこに加わっていても不思議はない。藁の束で大蛇《だいじゃ》をかたどり、神社に奉納する地域もある。

また、お金の隠語を「お足《あし》」ということから、ヘビは「お足がなくとも走ることができる」として、銭神様として崇拝する地域もある。

加えて、このヘビの霊力を侮らないよう戒めるとともに、安易にヘビに近づかないようにというメッセージもあったのかもしれない。

ヘビのなかには猛毒を持つものもいる。万一、噛《か》まれたら命をも落としかねない。自然とともに暮らしていた昔の人は、ヘビの恐ろしさをも十分わかっていたはずだ。だから、ヘビを指差すことは身を危険にさらすことになった。**大変な目に遭うかもしれないから不用意に手を出すな**、という戒めでもあったと考えられる。

# 5章

# 「年中行事」に込められた、先人たちの「思い」

# 60 「お正月にはおせち料理」

## 漢字で書くと本当の由来が見えてくる

最近のおせち料理というと、百貨店やスーパーで売り出される商品を連想する人も多いかもしれない。昔は暮れのうちに各家庭で作り、年が明けるとお重《じゅう》に詰めて食卓に並べた。品数が多く、仕込みにも時間がかかるので、主婦はふだん以上に忙しかった。

正月三が日は主婦が休めるように、年末に保存のきく料理を作っておくという意味もあった。

おせち料理は漢字で書くと「御節料理」。この「節」がそもそもの由来を伝えている。それは**季節の変わり目の節目となる日に、神様にお供えする「節供《せっく》」**である。

お供えした「節供」の料理は、下げた後、皆で分け合って食べていた。それがいつしか「節供」といえば、お供えをする節目の日そのものをあらわすようになり、節供の料理は「お節料理」と呼ぶようになっていった。

もともとは年に五つある節句（江戸時代に幕府が式日《しきじつ》として定めた、一年の中で節目となる日。人日〈一月七日〉、上巳《じょうし》〈三月三日〉、端午《たんご》〈五月五日〉、七夕《たなばた》〈七月七日〉、重陽《ちょうよう》〈九月九日〉）すべてのお供えの料理だったのが、とくに重要なお正月の料理だけを「おせち料理」という変化が起きた。

**今日に続くおせち料理の形態が誕生したのは江戸時代のこと。庶民のお正月の料理と武士の祝い膳が融合した結果**だといわれている。

おせち料理の定番の顔ぶれには、それぞれ意味がある。正月祝いだから、当然、縁起がよくて、おめでたいことが共通している。

たとえば、黒豆は「まめに暮らせるように」と、健康を願って食べるもの。黒は魔除けの色でもある。昆布巻きは「こんぶ」が「よろこぶ」に通じるという語呂合わせ。

ほかには形状、特徴が「めでたさ」につながるものもある。

カズノコはニシンの卵だが、卵の数が多いことから子孫繁栄の意味が込められている。かまぼこは形が日の出に見立てられ、新たな門出を祝うことにつながる。赤は魔除け、白は清浄の象徴だ。また、エビは腰が曲がるまで元気で長生きできるようにと祈って食す。ダイコンとニンジンなどの紅白のなますは、水引に見立てている。

栗きんとんは漢字で「栗金団」と書き、豊かになるようにと祈る意味、レンコンはその穴から「将来の見通しがきくように」と願う意味合いがある。クワイは芽が出ているから「将来、芽が出るように」という願いがある。

関西ではポピュラーなたたきごぼうは、ごぼうが長く根をはるため「長生きできる」との意味がある。

興味深いところでは、田づくりには田植えでカタクチイワシを肥料にした際、五万俵《ぴょう》も収穫できたエピソードにちなんでいるという。ここにはもちろん、豊作の願いが込められている。

おせち料理を重箱にどう詰めるかは、地域により、また各家庭により異なる。最近では、伝統的な料理だけでなく、伊勢エビにカニにイクラ、ローストビーフなどグルメ食材が使われるほか、中華料理、洋風料理のおせちなどもあり、自由なスタイルとなってきている。

　正式な五段の重は、一の重に田づくりやカズノコ、黒豆など、二の重に初めに出す口取《くちと》りといわれる伊達《だて》巻《まき》や栗きんとん、昆布巻きなど、三の重に鯛や鰤《ぶり》、エビなどの焼き物、四の重に煮しめ、そして五の重は何も詰めず控えとして重ねると伝えられる。

　最近は三段が多く、一の重に五段の一と二の料理、次に焼き物と酢の物、三段めに煮しめとする形式が広く見られる。

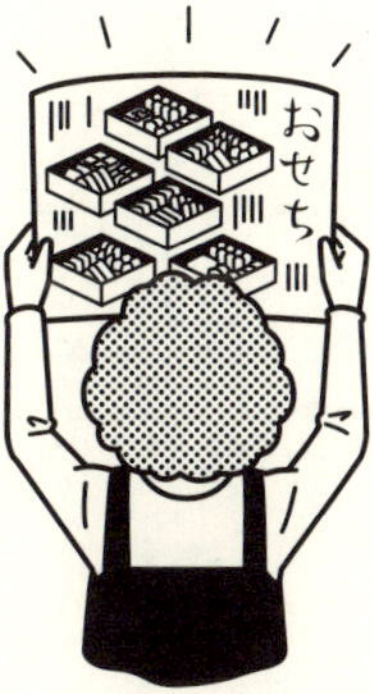

# 61 「お正月に門松を立てる」

## 「正月飾り」だが飾りではない

三本の青竹のまわりに松と梅が配された門松《かどまつ》。旧家の堂々とした門口《かどぐち》に立てられていると、お正月の趣を感じるものだ。都市部では、一般家庭よりもオフィスビルや百貨店などの商業施設で見かけることが多くなった。

門松は「正月飾り」ではあるが、単なる装飾ではない。年神様《としがみさま》という新年の神様を迎えるため、いわば神様の道しるべである。年神様とは、ご先祖様であり、正月の間だけ家々を訪れて、一年の健康と福を授けてくれる神様として信仰されてきた。

門松の歴史をさかのぼると、古代に神を招くため木を立てたことに行き着く。天から降りてくる目印とし、神様がそこにとどまり、依り代《よりしろ》とするように考えられた。この流れをくみ、平安時代の終わりごろから年神様の依り代は松で作られるようになった。**松は常にみずみずしく生気に満ちた緑の葉をつけていることか**

**ら聖なる木であり、樹齢が長いため長寿と繁栄を象徴する木**と考えられた。さらには「神を待つ」につながるとして、松を立てれば年神様がそこに降りるものとして、正月の風物詩となった。

竹が加わったのは、鎌倉時代の末期ごろから。竹はまっすぐに伸び、生命力の強い植物であることから用いられた。江戸時代になると、長寿と子孫繁栄をあらわし、おめでたい梅がさらに加わった。こうして松、竹、梅が揃《そろ》うこととなった。

東京を中心に飾られる門松の竹は、先端が斜めに切られているが、これは徳川将軍家にならってのこと。徳川家康が松平《まつだいら》姓を名乗っていたころ、敵対する武田家に見立てた竹を斜め上から下へと袈裟《けさ》斬りにし、松（松平）で取り囲むことで、気を吐いていたのだという。江戸幕府を開いてからも踏襲《とうしゅう》され、やがて一般にも広まった。

地方によっては、門松の形態、飾り方にはちがいがある。楢《なら》や椿、樫《かし》、榊《さかき》、柳、栗などの木を用いるところもあれば、庭のなかや室内、床の間に飾る地方もある。

松と竹の門松が広まる後押しをしたのは「一月一日《いちげついちじつ》」の唱歌だ。

♪年の始めの例《ためし》とて　終《おわり》なき世のめでたさを　松竹《まつたけ》たてて　門ごとに　祝《いお》う今日こそ　楽しけれ♪

この歌は明治時代に作られ、戦前には小学校の正月の式典で子どもたちが合唱したという。その影響が全国に及ぶことになったのである。

さて、門松を飾る「松の内」をすぎると、門松やしめ飾りを片づけ、一月十五日の小《こ》正月に焼く風習がある。地方によっては六日、七日に行なうところもあり、呼び方も「どんど焼き」「さいと焼き」「さんくろう」などさまざまだ。平安時代の宮中での火祭りに由来するといわれている。

ちなみに、小正月に対して大《おお》正月はあるのかというと、一日が大正月。古代、月の満ち欠けを基準にする太陰暦を用いたころは、ひと月が十五日の満月から始まり、一月十五日が一年の始まりだった。奈良時代に中国から太陰太陽暦が伝わり、朝廷が一月一日を年の初めとしたことから、それが広まって定着し、一日を「大正月」、十五日を「小正月」と呼ぶようになったのである。

## 62

# 「一月七日に七草粥を食べる」

### 野草でなくてはならない理由

一時は下火だった七草粥《ななくさがゆ》の風習だが、最近はスーパーが材料の七草をセットにして売り出し、知名度が再び上がりつつある。正月には食べすぎ、飲みすぎとなりがちだから、「疲れた胃腸にいかにもよさそう」というイメージがある。

七草粥を食べるのは、一月七日の朝。五節句の「人日」にあたる日で、この場合の七草とは、春の七草だ。何を七草とするかは時代、地方により異なるが、現在は一般的にセリ、ナズナ、ゴギョウ、スズナ、スズシロ、ハコベラ、ホトケノザの七種とされている。

この七草はいずれも薬効が高く、冬場に野菜が不足していた時代は、貴重な食材だった。**寒いなか、若菜を摘んできて滋養をつければ、万病を払い、その一年間は病気にならない**と信じられていた。

起源をたどると、日本にはもともと一月十五日（小正月）に米、アワ、キビ、ヒエ、ミノ、ゴマ、アズキの七種の穀物を粥にして食べる習慣があったという。

一方、若菜摘みの風習は古くからあり、百人一首にある光孝《こうこう》天皇の和歌「君がため　春の野に出でて　若菜つむ　我が衣手《ころもで》に　雪は降りつつ」は、その情景を歌ったものだ。

そこに中国から七種の野草の若菜を汁物に入れ、七日に食べる風習が伝わった。寒い冬に負けずに育つ野草にはたくましい生命力があり、それを取り入れることで丈夫になり、無病息災の願いが叶うと考えられていた。

これらが結びつき、室町時代ごろから七草粥の習慣が生まれ、江戸時代には広く定着していたといわれている。

七草粥の準備は、前夜から始まる。これは料理の下ごしらえというより、おまじないのようなもので、七草をまな板にのせて包丁でたたきながら、「七草ナズナ　唐土《とうど》の鳥と　日本の鳥と　渡らぬ先に　七草　七草はやそ」などと唱える。豊作を祈り、害を及ぼす鳥を追い払うお囃子《はやし》だ。

小さいころに七草粥を食べた記憶がない人も、大人になった今だからこそ試してみると、そのよさを実感するかもしれない。

# 63 「鏡餅は木づちで割る」

## 「鏡割り」の名に込めた意図

鏡開きは、一月十一日にお供えしていた鏡餅をおろし、おしるこやお雑煮に入れたり、焼いたりして食べるしきたりである。鏡餅は今では密封パックに入ったった小さいものが多いが、正式な鏡餅はサイズも大きく、食べるにしてもかなりの量になる。

その昔、**餅は高級品だったから、餅をお供えすることは深い感謝のあらわれだった。**

現在に続く鏡餅の形式が定まったのは、室町時代ごろといわれる。床の間に「具足《ぐそく》」と呼ばれた甲冑《かっちゅう》を飾り、その前に「具足餅」と呼ばれる餅をお供えし、「具足開き」の日になると、それを下げて食べたのだ。

餅はその人が大事にするものに供えられ、武家でも女性は鏡台《きょうだい》に供えるなどしたという。

町屋にも広まると、年神様を迎えるために玄関や床の間に、神棚に、ご先祖様のために仏壇に、さらに商売繁盛を願って帳場《ちょうば》に供えたりした。

鏡開きのしきたりとして重要なのが、**鏡餅は割って食べる**という点。包丁のような刃物で切るのはご法度とされ、木づちでたたいて割るか、手で割った。

なぜかというと、ひとつには武家では「切る」は切腹を連想させ、縁起が悪いから。

もうひとつ、年神様が宿っている餅を切るなどとんでもないとする考え方もある。「割る」も同様に不吉な表現として避けられ、縁起のよい「開く」を使い、「鏡開き」というようになった。

「木づちで割る」というのも、パックされた鏡餅になじんだ若い人にはイメージしにくいだろうが、昔はむき出しの餅を飾っていたから、一月も十一日になる頃にはひび割れ、カチカチになっていた。固いものでたたきでもしなければ、そう簡単には割れなかった。

それでも、お供えすることで年神様の力が宿っており、神様からのお下がりになるので、ありがたくいただいた。神様にお供えしたものを、儀式のあとに食べるのは古代からの風習で縁起物だ。鏡開きの餅を食べると、一年間健やかで幸福になると考えられていた。

ただし、もともと鏡開きの日は一月二十日だったともいわれる。なぜ変わったのかというと、二十日が江戸時代に三代将軍・徳川家光の月命日となったため、十一日に繰り上げとなったとする説がある。二十日の鏡開きを現在も継承している地域もあるようだ。

# 64 「節分に年齢の数だけ豆を食べる」

## 中国から遣唐使へ、そして宮中行事へ

「鬼は外、福は内」と叫びながら豆をまく二月三日の節分。

保育園や小学校でも鬼のお面を作って豆まきをするので、「節分に年齢の数だけ豆を食べる」というしきたりも、経験している人が多いはず。そうすれば力がつくといわれ、地方によっては年齢よりひとつ多く食べるところもある。

このしきたりの起源をたどると、**「追儺《ついな》」という中国の儀式**に行き着く。

病気や災害をもたらす鬼を払うもので、桃の弓、葦《あし》の矢、タテとホコで追い立てた。それが遣唐使によって日本に伝わり、平安時代には鬼を退散させる年の瀬の宮中行事となった。それが室町時代になって豆まきの形となり、民間に広まっていったという。

豆が使われるようになったのは、日本に古くからあった「豆占い」が取り入れられたからだとされる。大豆を灰の上に十二個並べ、その焼け方によって天候や

作柄を占うものだった。

また、豆を投げつけるようになったひとつには、都に攻め入ろうとした鬼二匹に豆を投げて追い払ったという京都の豆塚《まめづか》の伝説がある。鞍馬《くらま》山《やま》の鬼退治の伝説でも、毘沙門天《びしゃもんてん》が「豆を目に当てるとよい」と助言したと伝えられ、それが豆まきに関係しているという。

ほかにも、鬼の目、つまり〝魔目《まめ》〟に〝豆〟をぶつければ〝摩滅《まめ》〟になるという語呂合わせに由来するという説もある。そもそも豆は、健康で勤勉、忠実をあらわす「まめ」とも音が同じだ。

そして、「まめで達者で」といわれるように、豆が健康を育む食材であることは、今日もよく知られる通り。古くは、**豆には穀物の霊魂が宿っていて特別な力がある**と信じられていた。だから、豆まきの日には年齢の数だけ豆を食べることに意味を持たせたのだ。

宮中の年末行事と立春の前日の節分では、時期に開きがあるように思えるが、じつは旧暦の大晦日は現在の節分の日の二月三日ごろ。つまり、豆まきで悪いものを払い、年齢の数の豆を食べて力をつけ、新しい年を迎えたということになる。

# 65 「桃の節句にひな人形を飾る」

## そもそもは「女の子の儀式」ではなかった!?

「桃の節句」といえば、三月三日のひなまつり。女の子の健康と幸せを願って、ひな人形を飾ってお祝いをする日だ。「ひなの節句」ともいわれる。

節句は一年間のなかで節目となる五節句のひとつ。この「上巳」にあたるのが三月三日で、その日に行なわれるのがひなまつりだ。

「上巳」という言葉には聞き覚えがないかもしれないが、これは三月上旬、最初の巳《み》の日（古来の暦で、十二支が巳に当たる日）をあらわしている。**古代中国ではこの日に川に入って身を清め、不浄を祓う儀式があり、それが日本に伝わった。**

上巳には身の穢れを落とす沐浴《もくよく》だけでなく、風雅な宴も開かれたという。上流から盃を流し、近くに流れてくるまでに歌を詠み、酒を飲むという趣向だ。これも日本に伝わると、平安時代には「曲水《きょくすい》の宴」として宮中で催された。

また、農民の間でもごちそうを用意して野山に集まり、飲食する行事が行なわれていた。農作業が本格化する時期の前に、川や海で禊を行ない、神様に感謝し、皆で飲み食いをしていたのだ。

このような禊の儀式から桃の節句へと転じた背景には、何があったのだろうか。

1章でも少し触れたが、このお祭りにひな人形が登場するのも、川で行なう禊の場に人形を用いていたことにある。人形で我が身をなで、穢れを人形に移してから、川に流すという風習が生まれたのである。

その昔は、各家庭で家族一人ひとりに紙びなが用意され、それぞれが穢れを移して流したという。簡素な土人形が使われることもあった。そのように身代わりとして人形を流す風習が流しびなに発展し、各地に今も伝わったというわけだ。

ひな人形を飾るようになったのは、江戸時代も半ばごろからと伝えられる。宮廷、幕府が雅《みやび》やかなひな人形を飾るようになり、それが一般に広まった。人形づくりの技術とともに発達し、当初の簡素なつくりの立《たち》びなから立派な内裏びなへと発展していった。

# 66

## 「お彼岸にお墓参り」

なぜ春と秋なのか

お彼岸《ひがん》と聞くと、食いしん坊なら真っ先に「ぼたもち」「おはぎ」が頭に浮かぶかもしれない。このふたつはお彼岸のお供えとして定番だが、意外と知られていないのが、ネーミングの由来。春のお彼岸のころには牡丹《ぼたん》、秋の彼岸には萩《はぎ》が咲くことから「牡丹餅《ぼたもち》」「御萩《おはぎ》」と名づけられたのである。小豆を使うのは、その赤い色に邪気を払う力があると信じられたためである。

お彼岸にお墓参りをする習慣がない人には、その時期も定かではないかもしれない。春分の日または秋分の日の前後三日間、合わせて七日間をお彼岸という。春分・秋分の日は中日《ちゅうにち》といい、初日は彼岸の入り、七日目は彼岸の明けだ。

この日取りは昔からそうだったのではなく、十九世紀の天保《てんぽう》年間に作られた天保暦が施行されて以降といわれる。

では、そもそも「彼岸」とは何かというと、向こう岸、すなわち生死の境を渡ったあの世、極楽浄土《ごくらくじょうど》の世界のこと。この世は「此岸《しがん》」であり、仏教では六つの行《ぎょう》、すなわち六波羅蜜《ろくはらみつ》を修めなければ悟《さと》りの世界へは到達できないとされた。

すると、お彼岸の墓参りは仏教の行事のように思えるが、日本に仏教を伝えた中国、仏教が生まれたインドにはそのような習わしはない。

**仏教が伝わるより前から、日本には一年の節目に先祖の霊を家に招き入れ、祀る習わし**があった。春分・秋分の日は、季節の変わり目であり、古くから農作業を行なううえで重要な目安とされてきた。

そこで、春であれば農耕作業を開始する前に祖先の霊を祀り、豊作を願う儀式が行なわれた。正月やお盆などと同じように、お彼岸も大きな節目として先祖祭りをするようになったと見られている。

一方、仏教では、ご先祖様が住む彼岸は西方《せいほう》にあるとされている。太陽が真西に沈むこの時期はその世界に最も近づくと考えられている。

そのなかで日本古来の儀式と仏教が混ざり合い、彼岸に達したご先祖様の霊を祀り、お墓参りをするというしきたりが定着したのだと見られている。

67

# 「八十八夜に米作り」

「八十八」と書くと「米」になるから？

♪夏も近づく八十八夜《はちじゅうはちや》　野にも山にも若葉が茂る〜♪

「八十八夜」と聞くと、この唱歌「茶摘み」が頭に浮かぶだろう。

八十八夜とは、節分やお彼岸、土用などと並ぶ「雑節」のひとつ。立春から数えて八十八日目で、今の暦では五月二日ごろに当たる。

歌詞にある通り、夏の始まりとなる「**立夏**」が近づいてかなり暖かくなる。**天候が安定して、本格的な農作業を始めるよいタイミング**とされてきた。

一方で、昼夜の温度差が大きく遅霜《おそじも》が降りることもあって、「八十八夜の別れ霜」という言い回しもある。その年、最後となる霜によって農作物の被害が出るおそれがあり、農民たちに注意喚起《かんき》する意味合いで江戸時代には特別に暦に記されるようになったのだ。

そして、八十八夜は種まきや植え替え、養蚕《ようさん》などの農作業が本格化し、繁忙期《はんぼう》を迎える目安だった。

なかでも、重要な米作りでは、「八十八」という字を分解し、組み合わせると「米」の字になることもあり、大切な日とされた。

まず、米の種をまき、苗を育てる苗代《なわしろ》作りを開始する時期の目安とされ、そして地方によっては豊作を祈願する神事が行なわれた。「種まき粥」という粥を田の神に供えたり、野山で炊いた釜飯を供えたりした。

むろん今日では、米の品種改良が進んだので、それぞれの特性、その年の気候などに合わせて種まきが行なわれるので、時期は一律ではなくなっている。

冒頭の歌のタイトルにある通り、八十八夜は茶摘みの時期でもある。このころに摘んだ茶葉は、やわらかく香り豊かな新茶となって珍重された。栄養価が高いうえ、末広がりの「八」が重なる縁起のよい日。「八十八夜に摘んだお茶を飲むと長生きする」との言い伝えも生まれ、さらに価値を高めた。

ただし、日本列島は南北に長いため、茶摘みに適した時期は地域差がある。実際には、八十八夜にぴったりだったのは、京都周辺だったといわれている。

# 68 「端午の節句に菖蒲湯に入る」

## 子どもの日に「虫よけ、腰痛・痛風予防」？

「五月五日といえば？」と問いかければ、今の子どもたちなら「子どもの日」と答えるだろう。「端午の節句」と答えるのは、年配の人にちがいない。「端午の節句」という呼び方になじみがない人が増えつつあるようだ。

端午の節句の「端」は初めを意味し、「午」は「五」に通じることから、「五月初めの五日」すなわち五月五日をあらわしている。一年のなかで大切な節目とされる五節句のひとつであり、「菖蒲《しょうぶ》の節句」ともいわれる。

古くから菖蒲を浮かべた菖蒲湯に入ったり、菖蒲を軒《のき》に吊るしたりする風習があった。室町時代のはじめから続く風習といわれている。

現在でも、時期が来ると生花店やスーパー、青果店などで、菖蒲湯に使う青々とした葉が売られている。

菖蒲というと紫のきれいな花をイメージしがちだが、それはアヤメ科の花菖蒲のほうで、まったくの別物である。**端午の節句に用いる菖蒲は、サトイモ科の多年草のほうだ。**

伝わる菖蒲湯の効果は幅広く、「病気にかからない」「丈夫になる」「夏病《や》みしない」「ヘビにかまれない」などがある。加えて菖蒲の音が、勝負に通じることから「勝負事に勝つ」という縁起かつぎまである。

今や菖蒲を軒に飾る家はほとんど見かけなくなったが、こちらにも「鬼が入って来ない」「病にならない」「厄除けになる」などの護符《ごふ》の効果が数多く伝えられている。

その由来には諸説あり、山姥《やまんば》に追われた子どもが菖蒲に身を隠して難を逃れたことから、また、葉の形が剣に似ているため邪気を払えるからなどがある。

もうひとつ注目されるのが、田植えをする早乙女《さおとめ》たちが、田植えに先立つ旧暦五月五日、菖蒲を屋根にのせて家を清め、菖蒲で作ったハチマキをして菖蒲湯で禊をし、神祭りをしたという伝承だ。その間、男性は家の外に出ていなければならず、もともとは女性だけが菖蒲湯で身を清めていた。そうして神聖な田植えに臨んだのだ。

　現代人としては、菖蒲が薬草だと説明されたほうが理解しやすいだろう。菖蒲湯には身体を芯からあたためる効果があり、腰痛や通風に効くといわれている。また、山の中に入るときは菖蒲を衣服にこすりつけると、虫よけ、ヘビよけにもなるという。根や茎を乾燥させ、煎じた飲み薬には、鎮痛、健胃《けんい》、利尿などの効果があるともいわれている。

69

# 「夏越の祓では神社で茅の輪をくぐる」

## くぐった先に何がある⁉

神社にお参りに行ったとき、参道に茅《かや》を束ねて作った輪を見かけたことがあるだろう。これは「茅《ち》の輪」と呼ばれ、輪をくぐることで罪や穢れを祓い清める。

茅の輪をくぐるのは、六月と十二月の末日の「大祓《おおはら》い」の日と決まっている。年末、大晦日は「年越《とご》しの祓《はらえ》」と呼ばれるのに対し、六月三十日は「夏越《なご》しの祓」といわれる。**人は生きていると、それだけで穢れや禍がどんどん積もっていく**とされ、とくに「**夏越の祓**」**の時期は、疫病や災害が多い季節であり、病気にならないようにとの切実な思いが込められた**。夏の厳しい暑さを乗り越え、その年の後半もつつがなく暮らせるようにと願ったのだ。

この「大祓い」の歴史は古い。八世紀はじめの大宝律令《たいほうりつりょう》によって正式な年中行事に定められ、国家的行事として執り行なわれるようになった。中世以降、一度は途絶《とだ》えてしまうが、明治に入って復活し、宮中、伊勢神宮で行なわれるようになった経緯がある。

茅の輪の由来は、神様の伝説に見ることができる。武塔《むとう》の神、もしくは牛頭天王《ごずてんのう》、また素戔嗚尊《すさのおのみこと》とも伝わる神様が旅をしていたあるとき、夜になったので宿を求めた。宿泊を請《こ》われた兄弟ふたりのうち、金持ちの兄は提供することを拒み、弟は貧しいながらも茅の床に粟《あわ》の飯でもてなした。

すると、神は弟の家族に茅の輪をつけさせ、これを持っていれば子孫の代まで災いを免《まぬか》れることを約束したという。こうして茅の輪は守護のシンボルとなり、今日まで残る茅の輪くぐりにつながったのである。

神社で茅の輪をくぐる際は、左右に輪を描いてもとの位置に戻り、三度くぐると決められている。まず茅の輪の前で礼をし、輪をくぐって左側からもとの位置に戻る。再び礼をして輪をくぐり、今度は右側を回ってもとに戻る。また礼をしたら輪をくぐって左側からもとに戻り、最後にもう一度礼をして輪をくぐり抜けたら、そのまま拝殿《はいでん》に進み、お参りをする。

茅の輪をくぐるとき、「水無月《みなづき》の夏越の祓する人は千歳《ちとせ》の命のぶというなり」と唱えれば、寿命が伸びるといわれている。

# 70 「川開きに花火を愛でる」

## 八代将軍・徳川吉宗がそのルーツ!?

川釣りやキャンプ、バーベキューなどが大好きな今の若い人にとっては、川遊びは年間を通じて楽しむものかもしれない。

歴史をさかのぼれば、**川は古来、身を清めて禊を行なう場**だった。遊びではなく、神聖な儀式の場だったのだ。

川開きというと、山開き、海開きよりもマイナーな印象があるかもしれないが、水難事故が起こらないように祈願が行なわれた。川開きの後は、川漁《かわりよう》を行なったり、舟を出して涼んだり、泳いだりすることができたのだ。

たとえば江戸時代、隅田川に入ることができたのは、旧暦の五月二十八日から八月二十八日までの三カ月。この納涼期間には、江戸っ子たちは舟を浮かべて夕涼みをした。

「隅田川の川開きといえば花火大会」をイメージするだろう。この両者が結びついたのは、一説では一七三二（享保《きょうほう》十七）年の大飢饉がきっかけだったという。疫病も蔓延《まんえん》して多くの犠牲を出したことから、翌年、八代将軍・徳川吉宗《よしむね》が慰霊と悪病退散を祈願して、隅田川で水神祭《すいじんさい》を行なった。このとき、料理屋が許可を得て花火を上げたのが始まりと伝えられている。

もうひとつ、一六五七（明暦《めいれき》三）年の明暦の大火に由来するとの説もある。年の始めに起きた大火は江戸城本丸をはじめ市中を焼き尽くし、十万人もの犠牲者を出した。その多くが隅田川に逃れながらも亡くなったという。

このため、幕府が万人塚《まんにんづか》を建てて供養し、これが後に本所《ほんじょ》の回向院《えこういん》となった。さらにこの年の川開きにあたっては犠牲者の霊を供養し、河原で火を焚いた。お盆の迎え火と同じく霊をお迎えするもので、これが花火に変わったという。

いずれにせよ、この隅田川の花火大会が人気を呼び、各地で川開きとして行なわれるようになった。本家本元も今は「隅田川花火大会」が正式名称だが、これは一九七八（昭和五十三）年に改めたもの。それまでは「両国《りょうごく》の川開き」という名称だった。

# 71 「七夕に短冊に願い事を書く」

## 彦星と織姫の距離は果てしなく……

七夕が近くなると、♪ささの葉さらさら　のきばにゆれる　お星さまきらきら～♪と歌い、短冊に願い事を書いて笹竹に吊るした子どものころを思い出す。

七夕は、ひなまつりの「上巳」、子どもの日の「端午」などと並ぶ五節句のひとつ。

日本独自の歳時記のように思うかもしれないが、もとをたどると**中国の故事、行事に日本古来の信仰が重なり、独特の形態が生まれた**ものだ。

中国の故事とは、よく知られた星座伝説。彦星《ひこぼし》の名でも知られる牽牛《けんぎゅう》星《せい》と織《お》姫《ひめ》と呼ばれる織女星《しょくじょせい》の切なく悲しい恋物語だ。

天の川で遠く隔てられたふたりは、互いに思いを寄せ合っていても会うことが叶わない。ただ年に一度、七夕の夜にだけは逢瀬《おうせ》を楽しむことができる。

この牽牛星はわし座のアルタイル、織女星はこと座のベガで、ともに白く輝く一等星。現実には、十六光年もの距離があるので〝ふたりの間〟は縮まることはありえないが、古代の人はふたつの星を見てイマジネーションをふくらませたらしい。

この星座伝説は日本に早く伝わっている。

『万葉集』には「織女《たなばた》の　今夜《こよひ》逢ひなば常のごと　明日を隔てて　年は長《なが》けむ」と、年に一度の逢瀬に思いを馳《は》せた歌があり、奈良時代には知られていたことがわかる。

七夕の行事としての起源と考えられるのは、**乞巧奠《きこうでん》という中国の祭り**である。女の子の裁縫の上達を願うもので、七月七日の夕方に酒や料理、果物、瓜《うり》をお供えし、月に向かって金、銀、真鍮《しんちゅう》の針に五色の糸を通す。天の川《あまがわ》に五色《ごしき》の光が見えたときは願いが叶うといわれる。

この乞巧奠も日本に紹介されると、奈良時代から五色の糸や布などを供え物にして和歌を詠むなどする宮中行事として行なわれるようになった。それが武家に伝わり、江戸時代には庶民の間へと広まって、短冊や糸などで笹竹を飾るように発展していく。寺子屋の子どもたちは、手習いが上達するように願いをかけたという。

ところで、七夕と書いて、なぜ「タナバタ」と読むのか、誰しも一度や二度、疑問に思ったことがあるだろう。その手がかりをにぎっているのが、日本古来の棚機津女《たなばたつめ》の信仰だ。

この伝承は、棚機津女に選ばれた乙女が水辺で棚を作り、機《はた》を織りながら神様を待っていると、神様が村の災厄、穢れをすべて持ち去ってくれるというもの。

こうして、中国の星座伝説に日本の信仰が融合した結果、子どもから大人までロマンを感じる七夕が生まれ、今日まで受け継がれてきたのである。

ちなみに、色とりどりの短冊も、古代中国の陰陽五行説に由来する。

「たなばたさま」の歌の二番に♪五色のたんざく　わたしがかいた〜♪とある通り、色は五色。青は木、赤は火、黄は土、白は金、黒は水と、それぞれ五元素に対応している。

万物の根源をなす五元素をあらわすと考えると、短冊が意味深く、いかにも願いを叶えてくれそうに思えてくる。

# 72

## 「お盆にキュウリとナスで、馬、牛を作る」

### 誰が乗るために作るのか

日本には古来、**お盆と正月に親族が集まって祖先の霊を祀る御霊祭りの風習**があった。それが仏教の盂蘭盆会と結びつき、現在のお盆になった。盂蘭盆会とは、釈迦《しやか》の弟子・目連《もくれん》が餓鬼道《がきどう》に堕《お》ちた母を救うため、釈迦の教えに従い供養したのが起源といわれる。

お盆を単なる「夏季休暇」ととらえている若い人が増えているのか、「お盆にはキュウリとナスで、馬、牛を作る」といっても、なんのことかわからないらしい。代々家屋敷を守ってきたような家には当然の行事でも、都会の集合住宅で暮らしてきた家には縁がないのかもしれない。

キュウリとナスを胴体として、割り箸や麻の茎の皮をはいだ「おがら」を短く切って刺し、足にする。こうして馬（キュウリ）、牛（ナス）に見立てることで、お盆に帰ってくるご先祖様の乗り物を作ったのである。

地方によっては、キュウリとナスの言い伝えが正反対に伝わっており面白い。お迎えするときは、早く着くようにキュウリの馬に乗ってもらい、見送るときは、ゆっくりと、ナスの牛に乗ってもらうと言い伝える地方がある一方で、ゆっくり来てもらうために牛に乗ってもらい、戻るときは早くあの世に着くように馬に乗ってもらうとする地方もあるようだ。

お盆は古くは旧暦の七月十五日前後に行なわれていたが、今は八月十三日から十六日ごろに行なう地域が多い。十三日に玄関先などで「迎え火」を焚き、先祖の霊をお墓から家のなかの盆棚《ぼんだな》に迎え入れる。

「迎え火」はご先祖様が迷わず帰って来られるようにする目印だ。盆棚には果物や野菜、菓子、花などを供え、花を飾り、前述のキュウリの馬とナスの牛も置かれる。ご先祖様の魂をなぐさめるもので、精霊棚《しょうりょうだな》とも呼ばれる。

最後の夜には、「送り火」を焚いて、ご先祖様の霊をお見送りする。お供えを藁などの舟に乗せて、川や海に流す精霊流《しょうろう》しを行なう地方もある。

# 73 「夏祭りには神輿をかつぐ」

荒々しくかつぐのにはちゃんと意味がある

夏祭りは、疫病や自然災害を鎮《しず》めるため、各地の神社で行なわれてきた。旧暦の六月、現在の七月は温度も湿度も高く、病気になりやすく、害虫も発生しやすい。また、台風の時期とも重なる。

古代から中世の社会では、そうした災厄が怨霊《おんりょう》によって起こると信じられていた。

病気の原因も治療法も定《さだ》かではない時代、そのような不幸が降りかかる理由を求めて非業《ひごう》の死を遂げた人物の祟りによると考えた。

奈良時代の終わりから天変地異や疫病の流行が続くと、人々は怨霊の祟りと恐れた。平安時代には霊を鎮めようと宮中行事として御霊会《ごりょうえ》が行なわれた。それが唯一、社会不安を払拭し、平穏を取り戻して繁栄へ導く方法だったのだ。

この御霊会を起源として夏祭りが各地の神社で行なわれるようになり、**祀られ**

**た神霊《しんれい》の乗り物である神輿《みこし》が氏子《うじこ》にかつがれて地域内をまわり、穢れを祓う**ようになった。豪華絢爛《けんらん》な山車《だし》や山鉾《やまぼこ》などの行列が練り歩くのも、華やかさで悪霊を引き寄せ、地域の穢れを祓うためだといわれる。

　神輿をかついだ人が激しく動き、神輿を揺さぶるのは、神様が喜び、興奮して神威《しんい》が増すと考えられたからだ。神輿と神輿をぶつけ合う激しいけんか祭りなども、神様を喜ばせるためである。

　一方で、神輿を川や海で洗い清める地域もあるが、これは吸い寄せた穢れを流すために行なわれている。

　米作りをする農村部では、春には豊作を願い、秋には収穫に感謝して祭りが行なわれた。これに対して、夏祭りは都市部を中心に発展したという特徴がある。農村部で夏祭りが行なわれるようになったのは、稲が風水害に遭わないようにと願った水神祭に重なるようにして始まったものと見られている。

　疫病を鎮める本来の目的を考えると、感染症の影響で夏祭りを中止せざるを得ないとは、なんとも皮肉である。

# 74

## 「酉の市で熊手を求める」

### 昔から「かき集める」ことにご執心なのは

　十一月の酉《とり》の日になると、東京を中心に関東の鷲《おおとり》神社（大鳥神社、大鷲神社とも）で行なわれるのが「酉の市」。縁起《えんぎ》物《もの》の熊手《くまで》を求める人が集まり、その数は日本一の規模とされる浅草の鷲神社では、じつに数十万人。熊手を売る店は一五〇にものぼり、それぞれが趣向を凝らした大小さまざまな品を並べ、大変なにぎわいを見せる。

　酉の市で熊手を求めるときは、買い手が値切るのも伝統。商談が成立すると開《かい》運招福《うんしょうふく》を願い、威勢のいい手締《てじ》めが行なわれることでも知られる。じつは、昔は値切ったぶんをご祝儀として置いていくのが慣例だった。買い手も売り手も気分のよい取引だったとするのが、江戸っ子の粋《いき》だったのだ。

　鷲神社は全国各地にあり、そのなかで本社《ほんしゃ》とされるのは大阪府堺市の大鳥神社だ。もともとは日本《やまと》武尊《たけるのみこと》を祭神とし、武《ぶ》運長久《うんちょうきゅう》の神様として武士の間で信仰されていた。それがなぜ商売繁盛、開運招福の神様になったのか。
**江戸時代に「とり」が「客を取りこむ」、「おおとり」が「大取り」に通じるといった語呂のよさが、縁起のよさにつながり、信仰されるようになったのだ。**

　こうして江戸では「酉の市」として発展したのである。もともと酉の日の祭礼にはさまざまな品物を売る市が立っていたが、東京・足立区の大鷲神社で農具を並べたところ、熊手を見た水商売の人たちから「お金をかき集められるようで縁起がよい」と人気を呼んだのだという。

　そこから福や金銀をかき集める商売繁盛の縁起物として、酉の市では宝船や千両箱、おかめの面など色鮮やかな飾りをつけた熊手が売られるようになっていった。「取り（酉）こむ」にかけているとも、鷲《わし》が爪で獲物をとらえて離さないことにかけてのことともいわれる。

　商売の縁起物というイメージが強いかもしれないが、現在では、家内安全や健康、勝負運などを求めて訪れる人が増えている。なかには、恋愛成就《じょうじゅ》を願って熊手を求める若い人もいるようだ。

# 75

## 「冬至にはゆず湯に入る」

「迷信」では片づけられない健康効果

「ゆず湯」と聞くと、韓国の「ゆず茶」のほうをイメージする人もいるかもしれない。

ゆずをジャムのように砂糖で甘く煮たものを、熱い湯を注いで飲むのがゆず茶で、韓国土産《みやげ》の定番である。

ただ、日本の言い伝えは、ゆず茶ではなくゆず湯のほう。ゆずの実を浮かべたお風呂のことだ。

冬至にゆず湯に入ると、無病息災でいられるといわれてきた。これは古来、語り継がれてきた生活の知恵である。

なんといっても、冬至は一年でもっとも昼が短く、夜が長い日。太陽暦では十二月二十二日ごろに当たる。太陽から恵みを得ていた昔の人たちが、これを不吉と見たのも当然かもしれない。

冬至は「死に一番近づく日」「生命の終わる時期」と信じて怖れられていた。

そして、死に近い衰弱した状態から再生するために、ゆずはうってつけの果実だったのだ。

なぜなら、**ゆずの香りは邪気を払うといわれ、ゆず湯に浸《つ》かることで、厄払いと同時に、冬の季節で冷えた身体を芯からあたためることができた**。さらに、昔の人を悩ましていた手指のひび、あかぎれを防いでくれたのだ。

現在では、ゆずに血行を促進する成分や鎮静《ちんせい》作用のある成分が含まれていることがわかっている。

ゆずに豊富に含まれるビタミンCやベータカロテンに、風邪予防や美肌効果がある。

邪気を払うとされた香りの成分リモネンやシトラールは、交感神経に働きかけ、リラックスをうながし、血流がアップするといわれている。

ゆずの温浴効果は、迷信と侮れない暮らしの知恵が裏づけられているのだ。

# 76 「十二月十三日にすす払いをする」

「年末の大掃除」とはどこか違う?


大掃除は、どこの家庭にも見られる年末のイベント。年の瀬が押し迫ったころ、あわてて家族みんなで家中にたまった汚れをきれいにするイメージがある。

ただ、「年末の大掃除」とはいっても、「すす払い」という言葉はあまり使わないだろう。でも日本の伝統行事としては、すす払いこそが大掃除だった。

「すす」というと、煙突の内側につく汚れくらいしか思い浮かばないかもしれないが、炭や薪《まき》を燃やして料理をしていた時代、家の天井や壁にすすがびっしりと黒くついていた。

そこで十二月十三日に、一年間にたまった家中のすすと汚れを落としたのがすす払いだ。すなわち大掃除をして家中をきれいにしていた。

今では、神社やお寺ですす払いをする様子が、年末の恒例行事としてメディアで紹介される。頭を手ぬぐいで覆《おお》った修行僧たちが、長い竹ざおの先に藁をくくりつけた「すす梵天《ぼんてん》」を掲げ、お堂の高いところの汚れを落としたり、仏像をきれいにしたりする映像を見たことがあるだろう。

十二月十三日に行なわれるようになったのは、**江戸城のすす払いが例年この日だったから**だと伝えられている。庶民もこれにならって大掃除をするようになり、すす払いに使う笹竹売りが路地をめぐって売り歩くのが風物詩となった。戦前までは仕事を休み、一日かけて掃除をするのが習いだったようだ。

一般家庭では、神棚をまずきれいにしてから、それ以外の部分の掃除にかかるのがしきたり。

すす払いには**汚れを落として厄払いをし、お清めをする**意味もある。きれいな状態にすることで、翌年の招福を願ったのである。

この十二月十三日は年神様をお迎えする準備を始める日でもある。地域によって「正月迎え」「正月事始め」「松ならし」などとも呼ばれ、門松の松や正月に使う榊、椎《しい》の枝、裏白《うらじろ》の葉などを野山に取りに行っていた。

時代が下ると「大掃除が十三日では早すぎる」と考える人が増え、今日のように十二月後半にする家が多くなっていった。

# 77

## 「大晦日に除夜の鐘を聞く」

うっかり眠って聞きそびれてはいけない

大晦日のすごし方は今では千差万別だが、テレビでも生中継される除夜の鐘を聞いたことがない人は少ないはず。福井県の永平寺《えいへいじ》、京都の知恩院《ちおんいん》、東京の浅草寺《せんそうじ》など、各地のお寺の鐘の音を聞くと、厳《おごそ》かな気分になるものだ。

大晦日には、穏やかな気持ちですごすようにと、古くから言い伝えられている。年越しそばを食べ、除夜の鐘を聞くのがしきたりだ。

「除夜」とは大晦日の夜の別名。この日の夜に除夜の鐘をつくしきたりは、すでに奈良時代からあったといわれる。その回数は百八回。**仏教では人間が百八の煩悩《ぼんのう》を持っているとされるため、それを取り払うために鳴らす**のだ。

そもそも、煩悩とは心身を悩ませ、乱し、汚すなど悟りの境地を妨げるすべての精神作用。欲や怒り、嫉妬《しっと》にかられるのは人の常であり、それが煩悩だ。

百八あるとする由来は諸説あるものの、代表的なものに六つの感覚器官のはたらきから説明する説がある。

六つの感覚器官とは、色を見る眼、声を聴く耳、香りをかぐ鼻、味わう舌、触れる身体、法を感じる心。これらが人の煩悩の種となり、六根《ろっこん》と呼ばれる。その六根について、心は苦しい（苦）、楽しい（楽）、嫌い（捨）、好き（好）、悪い（悪）、善《よ》い（平）の六通りに働くことで、両方を掛け合わせ、煩悩の種は三十六種類になる。さらに、過去、現在、未来について、それぞれ煩悩があるから、三十六に三をかけて百八となる。

「ボーン、ボーン、ボーン……」と除夜の鐘が鳴るたびに、煩悩がひとつ、またひとつと取り除かれて、心が清らかになるわけだ。

ところが、最近では「うるさい」「近所迷惑だ」などと苦情が寄せられるらしく、やむなく中止にしたり、時間を早めたりするお寺が増えているという。これでは、ますますもって煩悩うずまく世の中になっていく気がしないでもない。

意外と知られていないのが、「大晦日は早く寝てはいけない」という言い伝えだ。日ごろは「早く寝なさい」と子どもを寝床に追い立てる親も、この日ばかりは別。翌日が休みだからという理由ではなく、この日の早寝はタブーだった。

大人も子どもも寝ずに除夜の鐘を聞くのが、正しいすごし方。そして、除夜の鐘が鳴り終わったら、神社に初詣に行ったのである。

神社で大晦日の夜から行なわれる除夜祭では、夜通し火を焚き、お神酒や甘酒が参拝客にふるまわれる。京都の八坂《やさか》神社のおけら祭りのように、その火を分けてもらい、家に持ち帰る行事もある。その火で新年の灯明を灯し、お雑煮を作るためだ。

大晦日に早寝ができない理由は、**一日の区切りが日没だった**ことに関係があるとされる。日没時間は季節により異なるが、昔はこの時間から新しい一日が始まると考えられていたらしい。

つまり、大晦日の夜は新しい年がすでに始まっていると解釈できる。そんなときに寝ていては、たしかに福がやって来そうにない。

また、大晦日に寝てしまうと「白髪になる」「シワが増える」との言い伝えもある。真偽は定かではないが、験《げん》をかつぐなら、ふだんは美容のためにと早寝という人も、この日ばかりは例外にしたほうがよさそうだ。

## 【主な参考文献】

『親子でたのしむ日本の行事』平凡社編（平凡社）／『市田ひろみの日本人でよかった　年中行事としきたり』市田ひろみ（東京書籍）／『江戸のことわざ』丹野顯、『迷信の不思議　面白過ぎる雑学知識』博学こだわり倶楽部（以上、青春出版社）／『なるほどッ日本のしきたり』大峡儷三（学陽書房）／『暮らしに生きる俗信60話』井之口章次（講談社）／『うそ？　ほんと？　俗信・縁起の雑学読本』岩田英彬（日本実業出版社）／『日本人なら知っておきたい！［図解］神道としきたり事典』茂木貞純監修、『迷信・ジンクス雑学辞典』日本博学倶楽部（以上、ＰＨＰ研究所）／『年中行事を「科学」する』永田久（日本経済新聞出版）／『洋泉社ムック　和のくらし・旧暦入門―こころが豊かになるヒントがいっぱい！』（洋泉社）／『なぜ夜に爪を切ってはいけないのか』北山哲（角川ＳＳコミュニケーションズ）／『誰も知らなかった〝タブー〟の本　思わずドキッとする言い伝えの妙！』三田英彬（文化創作出版）

本書は、本文庫のために書き下ろされたものです。

知《し》れば知《し》るほど面白《おもしろ》い
日本《にほん》の「しきたり」


著者　博学面白倶楽部（はくがくおもしろくらぶ）
発行者　押鐘太陽
発行所　株式会社三笠書房
〒102-0072 東京都千代田区飯田橋3-3-1
電話　03-5226-5734（営業部）03-5226-5731（編集部）
https://www.mikasashobo.co.jp
印刷　誠宏印刷
製本　ナショナル製本




ISBN978-4-8379-6949-5 C0130